TRANSFORMATEURS

ENCYCLOPÉDIE
ÉLECTROTECHNIQUE

PAR

UN COMITÉ D'INGÉNIEURS SPÉCIALISTES

L. LOPPÉ, INGÉNIEUR DES ARTS ET MANUFACTURES

SECRÉTAIRE

TRANSFORMATEURS

PAR **Émile BAUDRAN**

CAPITAINE DU GÉNIE

DIPLÔMÉ DE L'ÉCOLE SUPÉRIEURE D'ÉLECTRICITÉ

PARIS

LIBRAIRIE DES SCIENCES ET DE L'INDUSTRIE

L. GEISLER, IMPRIMEUR-ÉDITEUR

1, RUE DE MÉDICIS, 1

1912

Avertissement

Les valeurs instantanées des quantités variables sont désignées par des petites lettres, leurs valeurs efficaces par la même lettre en caractère majuscule et leur valeur maximum par la même majuscule avec l'indice m. Pour les flux la lettre φ étant employée pour désigner les décalages on a indiqué leurs valeurs instantanées par la notation Φ_i.

On a conservé le plus qu'il a été possible la même notation pour chaque quantité dans tout le cours de l'ouvrage, afin d'éviter de la redéfinir à chaque instant. La liste, ci-dessous, indique la signification des plus importantes d'entre elles.

PRINCIPALES NOTATIONS EMPLOYÉES

U_1, U_{1m}, u_1 . Tension efficace, maxima, instantanée aux bornes du primaire.

U_2, U_{2m}, u_2 . Tension efficace, maxima, instantanée aux bornes du secondaire.

E_2, E_{2m}, e_2 . Tension efficace, maxima, instantanée aux bornes du secondaire à vide.

I_1, I_{1m}, i_1 .. Intensité efficace, maxima, instantanée dans le primaire.

I_2, I_{2m}, i_2 .. Intensité efficace, maxima, instantanée dans le secondaire.

I_0, I_{0m}, i_0 .. Intensité efficace, maxima, instantanée dans le primaire à vide.

I_{cc} .... Intensité efficace du courant secondaire de court-circuit.

$\varphi_0, \varphi_1, \varphi_2$ ... Décalages de I_0 sur U_1, I_1 sur U_1, I_2 sur U_2.

n_1, n_2 ...... Nombre de spires du primaire et du secondaire.

k . . . . Rapport de transformation.

R_1, R_2, R . . Résistances ohmiques du primaire, du secondaire et du circuit extérieur secondaire.

R''_1, R''_2 . . Résistances ohmiques ramenées au primaire et au secondaire.

f . . . . Fréquence.

Φ, Φ_m, Φ_i . . Flux efficace, maximum, instantané dans le circuit magnétique.

$\Phi_1, \Phi_{1m}, \Phi_{1i}$. Flux efficace, maximum, instantané dans le circuit magnétique dû au primaire.

$\Phi_2, \Phi_{2m}, \Phi_{2i}$. Flux efficace, maximum, instantané dans le circuit magnétique dû au secondaire.

ν_1, ν_2 . . . . . Coefficients de fuite du primaire et du secondaire.

σ . . . . Coefficient de dispersion.

$\mathcal{R}$ . . . . Réluctance du circuit magnétique.

α . . . . Avance des ampères-tours sur le flux.

$\mathcal{B}, \mathcal{B}_m, \mathcal{B}_i$ . . . Induction efficace, maxima, instantanée dans le circuit magnétique.

$\mathcal{L}$ . . . . Coefficient de self-induction positif ou négatif du circuit extérieur secondaire.

$\mathcal{L}_1, \mathcal{L}_2$ . . . . . Coefficients de self-induction du primaire et du secondaire.

$\mathcal{L}'_1, \mathcal{L}'_2$ . . . . Coefficients de self-induction de fuites du primaire et du secondaire.

$\mathcal{L}''_1, \mathcal{L}''_2$ . . . . Coefficients de self-induction de fuites réduites au primaire et au secondaire.

$\mathcal{M}$ . . . . Coefficient d'induction mutuelle des deux enroulements.

r . . . . Rendement.

W_1, W_2 . . . Puissances primaire et secondaire.

W_j . . . . . . Pertes joule.

W_h . . . . Pertes par hystérésis.

W_f . . . . . . Pertes par courants de Foucault.

W_F . . . . . . Pertes totales dans le fer.

l_1 et l_2 . . . . Longueurs moyennes des spires primaire et secondaire.

s_1, s_2 . . . . . Sections des conducteurs primaire et secondaire.

ρ, d . . . . . . Résistivité et poids spécifique du cuivre.

V, S . . . . . . Volume et section du circuit magnétique.

TRANSFORMATEURS

CHAPITRE PREMIER

Transformateur théorique

Principe du transformateur. — Considérons un circuit magnétique parfait sur lequel sont placés deux enroulements 1 et 2 (fig. 1) ouverts tous les deux. Appliquons aux bornes de l'enroulement 1 appelé *primaire* une différence de potentiel variable avec le temps. Le courant passant dans 1 engendrera dans le circuit magnétique un flux variable, ce flux traversant le circuit 2 ou *secondaire* y induira une force électromotrice variable. Réunissons les extrémités du circuit secondaire à un circuit extérieur, ce dernier sera parcouru par un courant d'intensité variable.

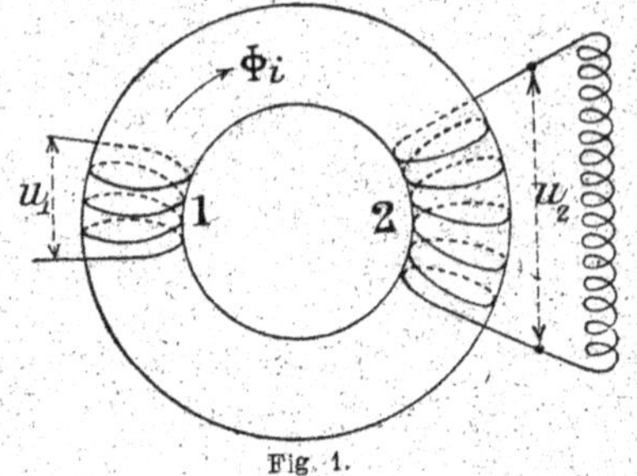

Fig. 1.

Le flux dans le circuit magnétique dépend, comme on le sait, du nombre de spires du primaire et de l'intensité du courant qui les parcourt, ou ce qui revient au même, de la tension appliquée aux bornes de cet enroulement. La force électromotrice induite dans le secondaire dépend du nombre de ses spires et du flux qui les traverse.

Pour une tension donnée appliquée aux bornes du primaire, on peut donc obtenir à celles du secondaire une force électromotrice ayant telle valeur qu'on voudra, par une simple combinaison du nombre des spires de chacun des deux enroulements.

Cet appareil, qui permet de produire avec un courant variable donné un courant synchrone, ayant des caractéristiques différentes, sans employer aucun organe mobile, s'appelle *transformateur statique* ou plus simplement *transformateur*, le qualitatif n'étant utilisé que pour des transformateurs non statiques.

Points de vue sous lesquels on peut considérer un transformateur. — Par rapport au circuit branché sur son secondaire, le transformateur travaille comme une génératrice à excitation indépendante, le primaire formant l'inducteur et le secondaire l'induit. Nous aurons donc à étudier comme pour toutes les génératrices le fonctionnement à vide, le fonctionnement en charge, la chute de tension aux bornes du secondaire lorsqu'on passe de la marche à vide à celle en charge, l'influence des pertes de toutes natures (chaleur Joule, hystérésis, courants de Foucault...) et des imperfections (fuites magnétiques...).

Sur le réseau qui alimente son primaire, le transformateur travaille au contraire comme une réceptrice, nous aurons donc à étudier de ce côté aussi le fonctionnement à vide et en charge, les décalages qui en résultent dans le réseau d'alimentation.

Enfin, nous devrons étudier le rendement, c'est-à-dire le rapport de la puissance recueillie aux bornes du secondaire à celle fournie au primaire.

Equations fondamentales. — Soit :

n_1 le nombre de spires du primaire, n_2 celui du secondaire.

R_1 la résistance ohmique du primaire, R_2 celle du secondaire.

i_1 la valeur instantanée de l'intensité du courant dans le primaire, i_2 celle dans le secondaire.

u_1 la différence de potentiel instantanée aux bornes du primaire, u_2 celle aux bornes du secondaire.

Φ_i la valeur instantanée du flux dans le circuit magnétique, $\mathcal{R}$ la réluctance de celui-ci.

Les sens des courants sont définis de la façon suivante : on choisit arbitrairement le sens positif du flux dans le circuit magnétique, le sens positif des intensités dans chaque circuit est celui qui donne naissance à un flux positif. Les forces électromotrices positives et les différences de potentiel positives seront celles qui produisent dans chaque circuit des courants d'intensité positive.

Le flux instantané dans le circuit magnétique est la somme de ceux produits par chacun des courants primaire et secondaire, on a donc :

$$\Phi_i = \frac{4\pi n_1 i_1 + 4\pi n_2 i_2}{\mathcal{R}}. \tag{A}$$

La force électromotrice induite dans une spire par ce flux a pour valeur $-\dfrac{d\Phi_i}{dt}$.

Appliquons la loi d'Ohm successivement aux circuits primaire et secondaire nous aurons :

$$u_1 = R_1 i_1 + n_1 \frac{d\Phi_i}{dt},\tag{B}$$

$$u_2 = -n_2 \frac{d\Phi_i}{dt} - R_2 i_2.\tag{C}$$

Pratiquement, la résistance ohmique de chaque enroulement d'un transformateur est toujours très faible. La perte Joule dans chacun d'eux est en moyenne plus petite que 1 % de la puissance apparente dépensée, il en est de même de la chute ohmique vis-à-vis de la différence de potentiel ($RI^2 \leqslant 0{,}01.\ UI$, $RI \leqslant 0{,}01\ U$), on peut donc écrire très approximativement :

$$u_1 = n_1 \frac{d\Phi_i}{dt}\tag{1}$$

$$u_2 = -n_2 \frac{d\Phi_i}{dt}\tag{2}$$

Rapport de transformation. — De (1) et (2) on tire :

$$\frac{u_2}{u_1} = -\frac{n_2}{n_1}\tag{3}$$

La tension aux bornes du secondaire est donc égale à chaque instant à celle appliquée aux bornes du primaire multipliée par la constante $-\dfrac{n_2}{n_1}$.

La valeur absolue $\dfrac{n_2}{n_1}$ de ce rapport est le *rapport de transformation* du transformateur, il est égal comme on le voit au rapport du nombre des spires des deux enroulements.

Formes des tensions. — Les équations (1), (2) et (3) ont été écrites sans faire d'autres hypothèses que celles de la faiblesse des résistances ohmiques des deux enroulements et de l'absence de fuites du circuit magnétique (on a admis que le flux était le même dans les deux enroulements). Il résulte de (3) que le rapport des valeurs instantanées des différences de potentiel est constant, par suite :

La différence de potentiel aux bornes du secondaire est une fonction du temps de la même forme que celle de la tension appliquée aux bornes du primaire.

En particulier si la différence de potentiel appliquée aux bornes du primaire est sinusoïdale, il en sera de même de celle aux bornes du secondaire ; d'après (3) ces tensions seront en opposition.

Dans ce cas le rapport des valeurs maxima et des valeurs efficaces de ces différences de potentiel est égal au rapport de transformation :

$$\frac{U_2}{U_1} = \frac{n_1}{n_2}.$$

Remarque. — Les équations (1), (2) et (3) ne sont vraies qu'approximativement pour les différences de potentiel ; remarquons que le transformateur travaille comme récepteur sur le réseau alimentant son primaire avec une force contre-électromotrice $e_1 = n_1 \frac{d\Phi_i}{dt}$ et comme générateur sur le réseau branché sur son secondaire avec une force électromotrice $e_2 = -n_2 \frac{d\Phi_i}{dt}$, le rapport $\frac{e_1}{e_2}$ est rigoureusement égal au rapport de transformation $\frac{n_2}{n_1}$.

Dans tout ce qui va suivre, sauf stipulation spéciale, les courants sont supposés sinusoïdaux.

Propriétés du flux. — De la relation (1), il résulte que si u_1 est sinusoïdal, il en est de même de Φ_i. Ce flux est décalé de $\frac{\pi}{2}$ en arrière de U_1, et d'après (2) de $\frac{\pi}{2}$ en avant de U_2 ; ses valeurs maxima et efficace seront :

$$\Phi_m = \frac{U_{1.m}}{n_1\omega} = \frac{U_{2.m}}{n_2\omega},$$

$$\Phi = \frac{U_1}{n_1\omega} = \frac{U_2}{n_2\omega}.$$

Transformateur alimenté à potentiel constant. — Ce cas est le plus fréquent dans la pratique, et c'est celui que nous examinerons le plus souvent dans la suite. Il résulte de ce qui vient d'être dit que Φ_m et Φ sont constants puisqu'il en est ainsi de $U_{1.m}$ et de U_1. Quelles que soient les autres conditions de fonctionnement, le flux est donc constant en grandeur et en phase aussi puisqu'il est toujours décalé de $\frac{\pi}{2}$ sur U_1.

Soit i_0 l'intensité du courant dans le circuit primaire lorsque le circuit secondaire est ouvert, i_2 est alors nul et le flux instantané aura pour valeur :

$$\frac{4\pi n_1 i_0}{\mathcal{R}}.$$

Ce flux ayant, d'après ce qui vient d'être dit, la même valeur que dans le cas où le transformateur est en charge, on a en se reportant à l'équation (A) :

$$\frac{4\pi n_1 i_0}{\mathcal{R}} = \frac{4\pi n_1 i_1 + 4\pi n_2 i_2}{\mathcal{R}}$$

ou :

$$n_1 i_0 = n_1 i_1 + n_2 i_2$$

$n_1 i_0$ sont les ampères-tours à vide, on emploie très fréquemment cette relation.

Rapport des intensités. — S'il n'y avait aucune perte de puissance l'énergie dépensée, fournie au primaire, devrait se retrouver à chaque instant dans le réseau alimenté par le secondaire et on aurait :

$$u_1 i_1 = u_2 i_2,$$

d'où :

$$\frac{i_2}{i_1} = \frac{u_1}{u_2} = -\frac{n_1}{n_2}.$$

Nous pouvons nous rendre compte de l'approximation de cette relation, si elle était exacte on aurait en effet $i_0 = 0$, en réalité i_0 ne peut jamais être nul mais il est toujours très faible, sans quoi on consommerait beaucoup d'énergie à vide et l'appareil serait mauvais. L'égalité précédente est toujours à peu près satisfaite. La condition d'avoir un faible courant à vide entraîne celles d'une faible réluctance du circuit magnétique et par suite l'emploi de faibles inductions dans le fer de ce circuit.

Distinction entre les deux enroulements. — Les considérations précédentes nous montrent que pour le circuit qui a le plus grand nombre de spires la tension aux bornes sera plus grande et l'intensité plus petite que les mêmes quantités pour l'autre enroulement. Il y a donc lieu de distinguer au point de vue de la construction et de l'installation l'*enroulement haute tension* et celui *basse tension*. Le premier sera caractérisé par un grand nombre de spires de fil et par un très grand isolement de ses bornes, le second aura un nombre moindre de tours d'un fil plus gros et un isolement moins important des prises de courant.

Il y a lieu de ne pas confondre les expressions primaire et secondaire avec haute et basse tension, le primaire est toujours l'enroulement du transformateur branché sur le réseau d'alimentation, il peut être indifféremment à haute ou à basse tension.

Dans un transport de force par exemple, on surélève la tension à l'usine génératrice au moyen d'un transformateur A (fig. 2) et au point d'utilisation on ramène la tension de sa valeur sur la ligne à

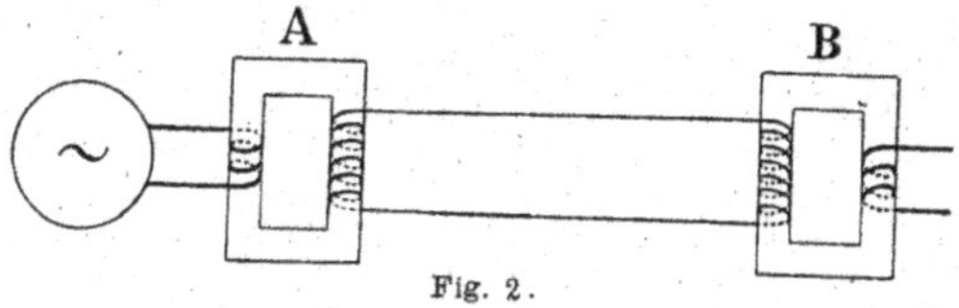

Fig. 2.

celle d'utilisation au moyen d'un transformateur B identique au premier. Pour A, le primaire est le circuit basse tension alimenté par l'usine, en B, au contraire, le primaire est le circuit haute tension alimenté par la ligne.

En somme, il ne faut pas oublier que le transformateur fonctionne aussi bien comme abaisseur de tension que comme élévateur.

Décalages dans un transformateur à résistances ohmiques négligeables. — Supposons que les résistances ohmiques soient négligeables, les équations de fonctionnement sont alors :

$$u_1 = n_1 \frac{d\Phi_i}{dt}$$

$$u_2 = - n_2 \frac{d\Phi_i}{dt}$$

$$\frac{\mathcal{R}\,\Phi_i}{4\pi} = n_1 i_1 + n_2 i_2 = n_1 i_0.$$

Soit R la résistance ohmique et S la réactance du circuit extérieur relié aux bornes du secondaire $\left(S = \mathcal{L}\omega - \dfrac{1}{C\omega}\right)$, l'intensité efficace du courant secondaire sera :

$$I_2 = \frac{U_2}{\sqrt{R^2 + S^2}}$$

Le décalage φ_2 de I_2 sur U_2 sera défini par :

$$\text{tg. } \varphi_2 = \frac{S}{R}$$

valeur qui ne dépend que du circuit extérieur et non du transformateur.

Avec ces données, nous pouvons construire le diagramme de fonctionnement du transformateur ; prenons comme origine des phases Ox (fig. 3) celle du flux Φ ou de l'intensité I_0 du courant primaire à vide qui est en phase avec ce flux. La différence de potentiel efficace aux bornes du primaire U_1 sera représentée par le vecteur :

$$OA = n_1\omega\Phi = \frac{4\pi n^2_1\omega I_0}{\mathcal{R}}$$

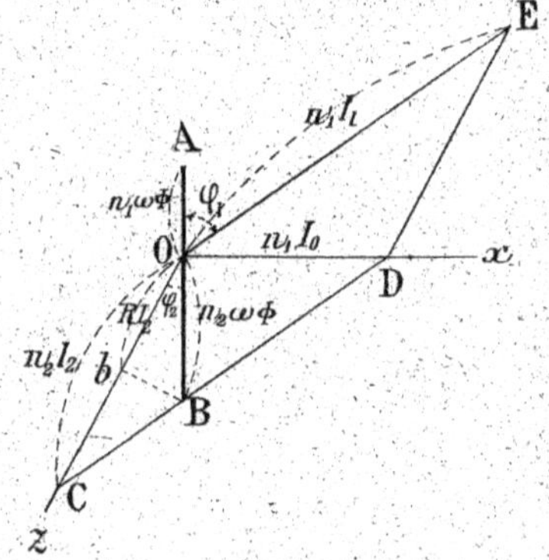

Fig. 3.

en avance de $\dfrac{\pi}{2}$ sur le flux. Celle U_2 aux bornes du secondaire en retard de $\dfrac{\pi}{2}$ sur Φ sera figurée par le segment :

$$OB = n_2\omega\Phi = \frac{4\pi n_1 n_2\omega I_0}{\mathcal{R}}$$

L'intensité du courant secondaire sera représentée par un vecteur dirigé suivant Oz faisant avec OB et en arrière de celui-ci l'angle φ_2 ; la projection Ob de OB sur Oz est égale à RI_2, on en déduit la valeur de I_2. Prenons sur Oz, $OC = n_2 I_2$ et sur OX, $OD = \dfrac{\mathcal{R}\Phi}{4\pi} = n_1 I_0$; construisons le parallélogramme OCDE, OE représente $n_1 i_0 - n_2 i_2 =$

$n_1 i_1$. OE est donc égal à $n_1 I_1$ et l'angle $\widehat{AOE}$ représente le décalage φ_1 de I_1 sur U_1.

La différence de potentiel U_1 étant connue, l'échelle du diagramme se trouve déterminée et on peut mesurer toutes les quantités qui y figurent.

L'angle φ_1 dépend à la fois de I_2 et de φ_2 c'est-à-dire du circuit branché sur les bornes du secondaire.

Transmission de la puissance réelle et de la puissance magnétisante. — Projetons ODE sur Ox et sur Oy, nous aurons sur Ox :

$$n_1 I_1 \sin \varphi_1 = n_1 I_0 + n_2 I_2 \sin \varphi_2,$$

sur Oy :

$$n_1 I_1 \cos \varphi_1 = n_2 I_2 \cos \varphi_2.$$

Comme $\dfrac{n_1}{n_2}$ est égal à $\dfrac{U_1}{U_2}$ ces deux équations peuvent se mettre sous la forme :

$$U_1 I_1 \cos \varphi_1 = U_2 I_2 \cos \varphi_2$$

$$U_1 I_1 \sin \varphi_1 = U_1 I_0 + U_2 I_2 \sin \varphi_2.$$

La première équation nous montre que la puissance réelle fournie au primaire est égale à celle que le transformateur cède au circuit branché sur sa secondaire.

Le courant I_0 décalé de $\dfrac{\pi}{2}$ sur la tension qui lui donne naissance est entièrement déwatté, le transformateur à vide n'absorbe que de la puissance magnétisante, $U_1 I_0$ est précisément l'expression de celle-ci. Comme le flux reste constant en charge, $U_1 I_0$ représente d'une façon générale la puissance magnétisante absorbée par le transformateur pour son propre fonctionnement. La puissance magnétisante $U_1 I_1 \sin \varphi_1$ fournie au primaire, est donc égale à celle $U_2 I_2 \sin \varphi_2$ absorbée dans le circuit extérieur secondaire augmentée de la puissance magnétisante nécessaire pour le fonctionnement de transformateur.

On voit que dans l'application du théorème de M. Boucherot au calcul d'un réseau au moyen des puissances réelles et magnétisantes, les transformateurs n'interviennent que comme de simples récepteurs ordinaires avec leurs consommations propres.

Variation de φ_1 avec φ_2. — Supposons que le circuit secondaire extérieur n'aie que de la réactance, l'angle φ_2 est droit, I_2 est en opposition avec I_0 et par suite avec I_1, qui sera décalé de $\frac{\pi}{2}$ en arrière de U_1, tous les courants sont déwattés.

Quand φ_2 diminue, il en est de même de φ_1 ; mais lorsque le circuit secondaire extérieur ne contient plus que des résistances ohmiques et que par suite φ_2 est nul, φ_1 est encore différent de zéro à cause du courant déwatté nécessaire pour la production du flux dans le transformateur. Pour que φ_1 devienne nul, il faut que I_2 soit décalé en avant de U_2 c'est-à-dire que le circuit extérieur secondaire aie de la capacité. On sait que les capacités et tous les appareils décalant l'intensité en avant de la tension peuvent être considérés comme des sources de puissance magnétisante. Dans le cas qui nous occupe, c'est le réseau secondaire qui fournit la puissance magnétisante nécessaire pour le fonctionnement du transformateur. Si la capacité s'accroît encore, il y aura transmission de puissance magnétisante du réseau secondaire au réseau primaire et I_1 sera en avance sur U_1 ; en particulier si le réseau secondaire ne contient que de la capacité, les courants secondaire et primaire seront tous deux décalés de $\frac{\pi}{2}$ en avant des tensions correspondantes.

Résumé. — Dans un transformateur théorique, le rapport de transformation (rapport de la tension aux bornes du secondaire à celle appliquée aux bornes du primaire) est sensiblement constant et égal au rapport des nombres de spires des deux enroulements. Le rapport des intensités est à peu près égal à l'inverse du rapport de transformation.

Le transformateur étant alimenté à potentiel constant, le flux est constant.

Les puissances réelle et magnétisante à fournir par le réseau primaire sont celles du réseau secondaire accrues de celles nécessaires au fonctionnement du transformateur.

CHAPITRE II

Transformateur à circuit magnétique parfait

Diagramme de fonctionnement d'un transformateur à circuit magnétique parfait (sans fuites) en tenant compte des résistances ohmiques. — Le diagramme est aussi facile à construire que dans le cas précédent, nous avons à traduire géométriquement les équations générales :

$$\mathcal{R}\Phi_i = 4n\pi_1 i_1 + 4\pi n_2 i_2, \tag{1}$$

$$u_1 = R_1 i_1 + n_1 \frac{d\Phi_i}{dt}, \tag{2}$$

$$u_2 = - R_2 i_2 - n_2 \frac{d\Phi i}{dt} \tag{3}$$

Nous leur adjoindrons l'équation relative au circuit extérieur de résistance R et de self-induction $\mathcal{L}$ (1) :

$$u_2 = R i_2 + \mathcal{L} \frac{di_2}{dt} \tag{4}$$

qui jointe à (3) nous donne :

$$- n_2 \frac{d\Phi_i}{dt} = (R + R_2)\, i_2 + \mathcal{L} \frac{di_2}{dt} \tag{5}$$

Prenons (fig. 4) comme origine des phases celle du flux Φ, et menons à $\frac{\pi}{2}$ en arrière le vecteur $OB = n_2 \omega \Phi$, il représentera $n_2 \dfrac{d\Phi}{dt}$. Menons Ob faisant avec OB et en arrière de celui-ci l'angle ψ_2 défini par :

$$\tan \psi_2 = \frac{\mathcal{L}\omega}{R + R_2}$$

---

(1) Le coefficient de self-induction $\mathcal{L}$ du circuit extérieur doit être regardé comme une quantité algébrique pouvant être négative lorsque le circuit contient de la capacité.

Projetons B en b sur Ob, le vecteur Ob représente d'après (5) $(R + R_2)I_2$ nous en déduirons donc la valeur de I_2 et nous pourrons construire :

$$OF = R_2I_2, \quad Fb = RI_2$$

d'où :

$$FB = U_2$$
$$\widehat{BFb} = \varphi_2$$

φ_2 étant le décalage de I_2 sur U_2 (tang. $\varphi_2 = \dfrac{\mathcal{L}\omega}{R}$).

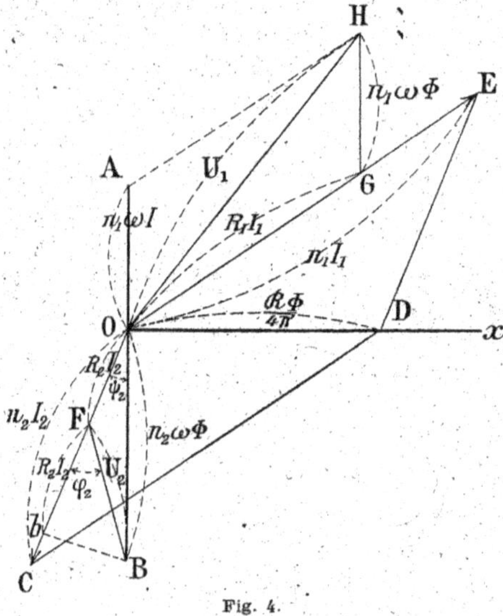

Fig. 4.

Prenons sur Ob, $OC = n_2I_2$ sur Ox, $OD = \dfrac{\mathcal{R}\Phi}{4\pi}$ et construisons le parallélogramme OCDE. D'après (1) OE représente en grandeur et en direction n_1I_1. Prenons sur OC, $OG = R_1I_1$ et sur la perpendiculaire à Ox, $OA = n_1\omega\Phi$; construisons le parallélogramme OAHG, la diagonale OH représente d'après (2) U_1 en grandeur et en direction et l'angle HOE est le décalage de I_1 sur U_1. La grandeur de U_1 étant connue, on en déduit l'échelle du diagramme.

Influence de la grandeur des résistances ohmiques. — Examinons quelles seront les conséquences des valeurs des résistances R_1 et R_2, en supposant que le secondaire débite, sur un circuit extérieur donné, un courant donné, I_2, φ_2 et U_2 doivent alors être regardés comme constants. Considérons (fig. 5) la direction du vecteur OC comme fixe et faisons varier R_2 à partir de zéro, F se déplacera sur OC à partir de O, FB reste parallèle à lui-même et sa grandeur est constante, B se déplace donc sur une parallèle Bz à OC. La réluctance $\mathcal{R}$ peut être

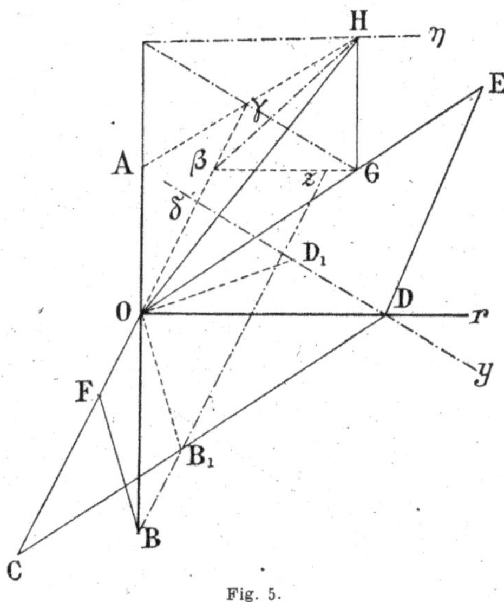

Fig. 5.

considérée comme constante ou du moins comme elle est toujours petite devant $4\,\pi n_2\omega$, ses variations n'influeront pas sur le rapport $\dfrac{\text{OD}}{\text{OB}} = \dfrac{\mathcal{R}}{4\pi n_2\omega}$ qui sera pratiquement constant. Le triangle rectangle OBD reste donc toujours semblable à lui-même et D se déplace sur une droite fixe Dy perpendiculaire à Bz et par suite à OF en δ (1). B_1 et D_1 étant les positions correspondantes à $R_2 = O$, on voit que R_2 croissant, D s'éloigne de D_1 et par suite de δ. Le point C étant fixe la droite CD s'incline de plus en plus sur OC et sa longueur augmente, comme $CD = n_1 I_1$, I_1 croît et son décalage sur I_2 diminue.

Le lieu de E sera une parallèle à Dy puisque ED est constant en grandeur et en direction, si nous supposons d'abord R_1 constant le rapport $\dfrac{\overline{OG}}{\overline{OE}} = \dfrac{R_1}{u_1}$ sera invariable et le point G se déplace sur la droite Gγ parallèle à Dy. Menons Gβ parallèle à OD et coupant OC en β, les triangles GβO et OED sont semblables, nous aurons donc :

$$\overline{O\beta} = \overline{DE} \times \dfrac{\overline{OG}}{\overline{OD}} = n_2 I_2 \times \dfrac{R_1}{n_1}$$

Le point β est donc fixe, nous aurons en outre :

$$\overline{\beta G} = \overline{OD} \times \dfrac{\overline{OG}}{\overline{OE}} = \dfrac{\mathcal{R}\Phi}{4\pi} \times \dfrac{R_1}{n_1}$$

Le triangle βGH reste donc semblable à lui-même et H décrit la droite Hη faisant avec Gγ l'angle constant $\widehat{H\beta G}$. Lorsque R_2 croît, G et H se déplacent vers la droite de la figure et OH croît, U_1 devrait donc croître ; si on le maintient constant, il faut donc agrandir l'échelle du diagramme. Il en résulte que U_2, I_2 et I_1 décroissent quand R_2 augmente.

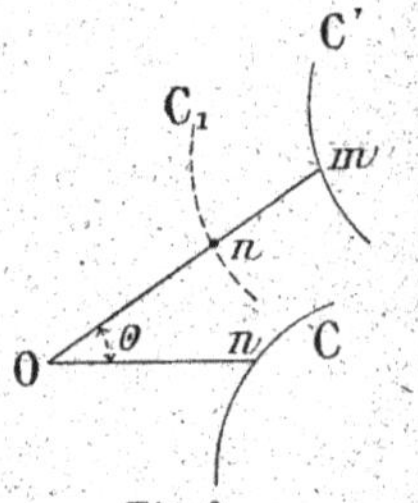

Pour étudier la variation de φ_1 nous tiendrons compte de ce que, HG étant toujours très grand devant βG, $\widehat{H\beta G}$ est voisin de $\dfrac{\pi}{2}$ et la droite Hη sera à très peu près parallèle à Oγ. H étant très loin sur cette droite, OH varie peu en direction et par suite $\varphi_1 = \widehat{HOG}$ croît lorsque G s'éloigne vers la droite, c'est-à-dire lorsque R_2 augmente.

En résumé, l'accroissement de la résistance du secondaire fait baisser la tension à ses bornes, diminuer l'intensité des courants

Fig. 6.

---

(1) D'une façon générale lorsqu'un angle de grandeur fixe θ tourne autour de son sommet et qu'un point n pris sur un de ses côtés décrit une courbe C (fig. 6), le lieu du point m pris sur l'autre côté de façon que $\dfrac{Om}{On}$ = une constante λ, est une courbe C′ qu'on obtient en faisant tourner C de l'angle θ pour l'amener en OC$_1$ et prenant l'homothétique de C$_1$ par rapport à O avec un rapport d'homothétie égal à λ. Si C est une droite il en sera de même de C$_1$ et de C′ qui fera avec C l'angle θ.

primaire et secondaire et leur décalage en augmentant leur rapport. Elle augmente le décalage de l'intensité du courant primaire sur la tension primaire.

Si, laissant R_2 fixe nous faisons croître R_1, les points G et H varieront seuls en se déplaçant sur les deux parallèles AH, OE ; OH croît ce qui entraîne comme nous l'avons vu la diminution de U_2, I_2 et I_1, $\widehat{HOG} = \varphi_1$ diminue. La résistance primaire est comme on le voit sans effet sur le rapport des intensités et sur leur décalage.

Fonctionnement d'un transformateur sur un réseau donné. — Nous

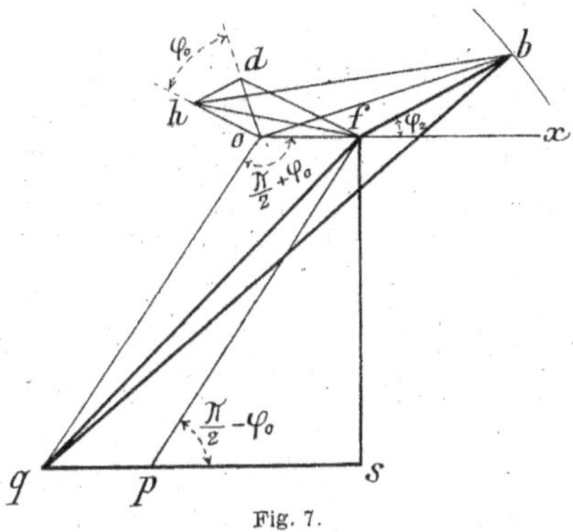

Fig. 7.

allons maintenant étudier comment varient U_2, I_2, I_1, φ_1... selon les valeurs de la résistance et de la réactance du circuit extérieur. Nous pourrions calculer U_2, I_2... soit au moyen des équations différentielles, soit en résolvant les triangles du diagramme, nous aurons plus de facilité en transformant le diagramme en un autre comme il suit :

Prenons comme origine des phases (fig. 7) celle de I_2, soit $\overline{Of} = R_2 I_2$, $\overline{fb} = U_2$, $\widehat{bfx} = \varphi_2$, on aura $Ob - n_2 \omega \Phi$. Construisons sur Of le triangle Ofd semblable à celui OCD du diagramme précédent, Od est perpendiculaire à Ob et nous avons :

$$\frac{\overline{Od}}{\overline{OD}} = \frac{\overline{df}}{\overline{DC}} = \frac{\overline{Of}}{\overline{OC}} = \frac{R_2}{n_2},$$

d'où :

$$\overline{Od} = \frac{\mathcal{R}\Phi}{4\pi} \times \frac{R_2}{n_2},$$

et

$$\overline{df} = n_1 I_1 \times \frac{R_2}{n_2}.$$

Construisons dhf semblable à OGH, hd est parallèle à Ob, $\widehat{dfh}$ est égal à φ_1 et nous avons :

$$\frac{\overline{hf}}{\overline{OH}} = \frac{\overline{hd}}{\overline{HG}} = \frac{\overline{df}}{\overline{OG}} = \frac{n_1 R_2}{n_2 R_1},$$

d'où :

$$\overline{hf} = U_1 \times \frac{n_1 R_2}{n_2 R_1}$$

et

$$\overline{hd} = n_1 \Phi\omega \times \frac{n_1 R_2}{n_2 R_1}.$$

Posons $\widehat{hod} = \varphi_0$; φ_0 sera défini par :

$$\operatorname{tang} \varphi_0 = \frac{\overline{hd}}{\overline{Od}} = \frac{4\pi n_1{}^2 \omega}{\mathcal{R} R_1}. \tag{1}$$

Menons Oq faisant en arrière de Ox l'angle $\frac{\pi}{2} + \varphi_0$, et prenons sur cette droite Oq tel que :

$$\frac{\overline{Oq}}{\overline{Of}} = \frac{\overline{Ob}}{\overline{Oh}}$$

nous aurons :

$$\overline{Oq} = \overline{Of} \cdot \frac{\overline{Ob}}{\overline{Oh}} = R_2 I_2 \times \frac{4\pi n_2{}^2 \omega R_1}{R_2\sqrt{\mathcal{R}^2 R_1{}^2 + (4\pi n_1{}^2\omega)^2}} \tag{2}$$

Les triangles fOh, qOb ont leurs angles en O égaux $(\frac{\pi}{2} + \varphi_0 + \widehat{bof})$ et les côtés adjacents proportionnels, on a donc :

$$\overline{qb} = \overline{fh} \times \frac{\overline{Ob}}{\overline{Oh}} = U_1 \times \frac{4\pi n_1 n_2 \omega}{\sqrt{\mathcal{R}^2 R_1{}^2 + (4\pi n^2{}_1\omega)^2}} = kU_1. \tag{3}$$

En posant :

$$k = \frac{4\pi n_1 n_2 \omega}{\sqrt{\mathcal{R}^2 R_1{}^2 + (4\pi n_1{}^2\omega)^2}} \tag{4}$$

Admettons que la réluctance $\mathcal{R}$ soit constante ou comme nous l'avons dit que l'effet de ses variations soit négligeable, φ_0 et k seront constants ; la direction Oq sera fixe ainsi que la grandeur qb. Le triangle Ofb dont les côtés sont dans un rapport constant avec I_2 et l'angle $\widehat{qOf}$ constant reste semblable à lui-même. fq fait donc un angle fixe $\widehat{fqs} = \theta$ avec la direction de I_2 (qs est parallèle à Ox) et est dans un rapport constant avec I_2. Le diagramme de fonctionnement se trouve ainsi réduit au triangle fqb dont un côté est dans un rapport constant avec U_1, les deux autres dans des rapports donnés avec I_2 et l'angle $\widehat{qfb} = \pi - \theta + \varphi_2$ est connu.

Nous définirons fq au moyen du triangle $\widehat{qfs}$ rectangle en s et dont le côté qs est parallèle à ox, menons fp parallèle à Oq, $\widehat{fps} = \dfrac{\pi}{2} - \varphi_0$ et nous aurons, les triangles rectangles $\widehat{hod}$ et fps étant semblables :

$$\frac{\overline{ps}}{\overline{hd}} = \frac{\overline{fs}}{\overline{Od}} = \frac{\overline{fp}}{\overline{Oh}} = \frac{\overline{Oq}}{\overline{Oh}}.$$

D'où :

$$\overline{fs} = \overline{Od} \times \frac{\overline{Oq}}{\overline{Oh}} = \frac{4\pi n_2{}^2 R_1{}^2 \mathcal{R}}{\mathcal{R}^2 R_1{}^2 + (4\pi n_1{}^2 \omega)^2}\, \omega I_2$$

et :

$$\overline{ps} = \overline{hd} \times \frac{\overline{Oq}}{\overline{Ok}} = \frac{16\pi^2 n_1{}^2 n_2{}^2 \omega^2}{\mathcal{R}^2 R_1{}^2 + (4\pi n_1{}^2 \omega)^2}\, R_1 I_2$$

ou :

$$\overline{ps} = k^2 R_1 I_2$$

et par suite :

$$\overline{Os} = (R_2 + k^2 R_1)I_2 = R''_2 I_2.$$

En remarquant que fs est décalé de $\dfrac{\pi}{2}$ en avant de I_2, nous voyons que Ofs est analogue au diagramme du courant dans un circuit de résistance R_2 et de self-induction :

$$\mathcal{L}''_2 = \frac{\overline{fs}}{\omega I_2} = \frac{4\pi n_2{}^2 R_1{}^2 \mathcal{R}}{\mathcal{R}^2 R_1{}^2 + (4\pi n_1{}^2 \omega)^2}.$$

L'impédance de ce circuit serait :

$$Z''_2 = \sqrt{R_2''^2 + \mathcal{L}''_2{}^2 \omega^2}.$$

Fonctionnement à vide (fig. 8). — Le fonctionnement à vide du transformateur est celui où le secondaire reste à circuit ouvert, on a alors $I_2 = O$ les points s, q, b, f se confondent en O, et $\overline{fb}$ se confond avec $\overline{qb}$, mais U_2 est alors la force électromotrice à vide et par suite $\overline{qb}$ représente celle-ci, on a :

$$E_2 = kU_1$$

k est donc le *rapport de transformation à vide*, il diffère de $\frac{n_2}{n_1}$ car :

$$k = \frac{n_2}{n_1} \times \frac{1}{\sqrt{1 + \left(\frac{\mathcal{R}R_1}{4\pi n_1{}^2\omega}\right)^2}} < \frac{n_2}{n_1} ;$$

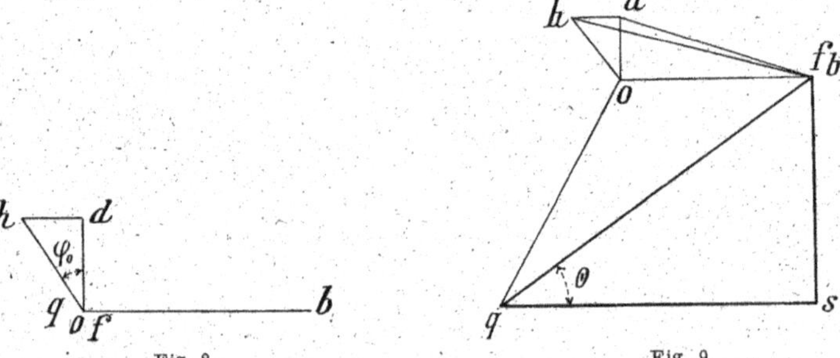

Fig. 8.   Fig. 9.

On voit que k croît avec ω c'est-à-dire avec la fréquence.

De plus la figure *hofd* se réduisant au triangle *hod*, les angles $\widehat{hfd}$ et $\widehat{hod}$ sont confondus, on a $\varphi_1 = \varphi_0$. φ_0 est donc le décalage de l'intensité primaire sur la tension d'alimentation.

Avec l'hypothèse de la constance de la réluctance, on voit qu'à vide, si on fait varier U_1, E_2 et I_0 lui restent proportionnels, car alors $\overline{Oh} = \overline{hf} = \lambda U_1$, $\overline{Od} = \overline{fd} = \mu I_0$ et λ, μ, φ_0 sont constants. Les caractéristiques à vide $E_2 = f(U_1)$, $E_2 = f_1(I_0)$, $I_0 = f_2(U)$ sont donc des droites.

Marche en court-circuit. — Si on court-circuite le secondaire, U_2 s'annule, b vient en f, (fig. 9), comme on connaît $\overline{qf} = \overline{qb} = E_2$ et le rapport des côtés $\dfrac{\mathcal{L}''_2 \omega}{R''_2} = \tang \theta$ du triangle qfs, on peut construire celui-ci et en déduire la valeur I_{cc} de l'intensité du courant de court-circuit dans le secondaire. E_2 étant égal à kU_1, si on fait varier la différence de potentiel appliquée aux bornes du primaire le triangle fqs reste semblable à lui-même, I_{cc} est donc proportionnel à U_1 et la caractéristique en court-circuit $U_1 = f(I_{cc})$ est une droite.

On voit de plus que θ est le décalage du courant de court-circuit sur la force électromotrice secondaire, c'est le *décalage interne du transformateur*.

Fonctionnement en charge. Chute de tension. — Lorsque le transformateur est en charge, il résulte de ce qui a été dit précédemment que la tension aux bornes secondaires est plus petite que E_2. Il y a donc, lorsqu'on passe de la marche à vide à celle en charge, une chute de tension qu'on mesure par la différence $E_2 - U_2$. On l'évalue souvent en pour cent de la tension à vide, sa valeur est alors

$$\frac{E_2 - U_2}{E_2} = 1 - \frac{U_2}{E_2}.$$

On peut la déterminer à l'avance en construisant le diagramme auquel nous avons été conduit, connaissant R''_2 et $\mathcal{L}''_2$ et I_2 nous construirons le triangle fqs, puis par f nous mènerons fb faisant avec fx ou qs l'angle φ_2 et nous décrirons de q comme centre une circonférence de rayon E_2 qui coupera fb en b, on aura $fb = U_2$. Le triangle de côtés Z''_2, R''_2, $\mathcal{L}''_2$ auquel sont semblables tous les triangles fqs s'appelle le *triangle fondamental*.

On voit que la force électromotrice appliquée dans le circuit secondaire complet, enroulement et circuit extérieur, est la somme de la différence de potentiel aux bornes et de celle qui proviendrait du passage du courant dans un circuit de résistance R''_2 et de self-induction $\mathcal{L}''_2$, on appelle R''_2 la *résistance du transformateur réduite au secondaire* et $\mathcal{L}''_2$ le *coefficient de self-induction des fuites réduites au secondaire*, nous aurons plus tard la signification de l'expression des fuites.

Le diagramme que nous venons d'établir est celui de *Kapp*, il est constamment employé, la détermination par essai des chutes de tension étant très difficile à cause des hautes tensions et de la difficulté d'avoir la puissance suffisante pour charger le transformateur dans un laboratoire. Nous allons donc en étudier les conséquences d'une façon générale et nous verrons ensuite dans chaque cas, quelles hypothèses il faut faire, pour en justifier l'usage et l'influence sur les résultats de la forme du triangle fondamental correspondant.

Caractéristiques déduites du diagramme de Kapp. — Nous supposerons le transformateur alimenté à potentiel constant d'où $E_2 = $ constante. Nous aurons alors entre U_2, I_2 et φ_2 une relation :

$$F(U_2, I_2, \varphi_2) = 0$$

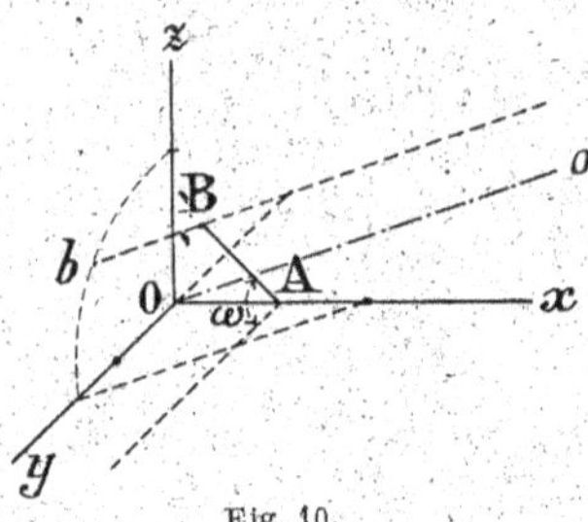

Fig. 10.

qu'on peut représenter dans l'espace par une surface dont les points auraient pour coordonnées U_2, φ_2, I_2.

Nous avons immédiatement cette équation au moyen du diagramme (fig. 7) car dans qfb :

$$\overline{qb^2} = \overline{qf^2} + \overline{fb^2} - 2\overline{qf} \times \overline{fb} \times \cosin \widehat{qfb}$$

ou :

$$E_2{}^2 = Z_2{}''^2 I_2{}^2 + U_2{}^2 + 2Z_2'' U_2 I_2 \cos(\varphi_2 - \theta) \tag{1}$$

Cette équation interprétée avec les coordonnées U_2, φ_2, I_2 représente une surface transcendante, on peut arriver à lui faire représenter une surface simple de la façon suivante (fig. 10). Le point défini par U_2, φ_2, I_2 sera déterminé de la façon suivante : sur Ox nous prenons $OA = I_2$, et dans le plan perpendiculaire à Ox au point A on mènera AB égal à U_2 et faisant avec le plan de xy un angle égal à $\varphi_2 - \theta$. Les coordonnées rectangulaires de ce point seront :

$$x = I_2$$
$$y = U_2 \cos(\varphi_2 - \theta)$$
$$z = U_2 \sin(\varphi_2 - \theta)$$

La surface représentée par l'équation (1) est alors :

$$E_2{}^2 = Z''_2{}^2 x^2 + y^2 + z^2 + 2Z''_2 xy$$

ou :

$$E_2{}^2 = (Z''_2 x + y)^2 + z^2$$

équation d'un cylindre ayant ses génératrices parallèles à la droite :

$$z = 0$$
$$Z''_2\, x + y = 0$$

La directrice dans le plan des yz ($I_2 = O$) est la circonférence

$$y^2 + z^2 = E_2{}^2.$$

Pour déterminer l'influence de φ_2 et de I_2 sur U_2, on serait conduit à couper la surface par des plans passant par Ox et par d'autres perpendiculaires à cet axe. On est ainsi amené à des discussions algébriques. Il vaut mieux pour se rendre compte des faits, revenir aux diagrammes eux-mêmes en étudiant successivement le cas où I_2 est constant, et celui où φ_2 l'est.

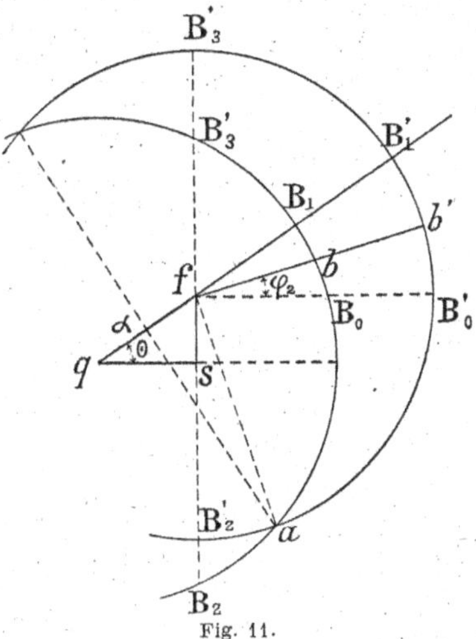

Fig. 11.

Fonctionnement du transformateur à intensité secondaire constante (fig. 11). — Le triangle qsf est le même pour toutes les valeurs du décalage et le point f est fixe. Des points q et F comme centres, décrivons des circonférences de rayon égal à E_2. Si nous considérons la droite fbb' faisant l'angle φ_2 avec la direction qs, fb est égal à U_2 et par suite bb' sera la chute de tension $F_2 — U_2$. Ces deux circonférences se coupent en un point a situé sur la perpendiculaire aa menée à qf par son milieu. La valeur maxima de la chute de tension est $B_1B'_1 = Z''_2 I_2$ qui correspond au cas où $\varphi_2 = \theta$, c'est-à-dire où le décalage extérieur est égal au décalage interne. Considérons d'abord les différentes valeurs que peut prendre φ_2 de 0 à $\frac{\pi}{2}$, correspondant au cas normal où la différence de potentiel U_2 est en avance sur l'intensité I_2. Pour $\varphi_2 = 0$ la chute de tension est $B_0 B'_0$, elle croît ensuite avec φ_2 et devient maximum pour $\varphi_2 = \theta$, puis elle décroît ensuite jusqu'à ce que φ_2 atteigne sa valeur maxima $\frac{\pi}{2}$ (circuit n'ayant que de la self).

Supposons au contraire qu'en mettant dans le circuit une capacité suffisante, nous amenions l'intensité en avance sur la différence de potentiel, nous devrons porter le vecteur fb au-dessous de fB_0. Lorsque φ_2 variera alors de O à $\widehat{B'_0 fa}$, la chute de tension diminuera et deviendra nulle. Si on accroît encore la capacité, fb passera au-dessous de fa et U_2 devient plus grand que E_2, il y a alors surtension aux bornes du secondaire, cette surtension croîtra jusqu'à ce que le circuit ne contenant que de la capacité, fb vienne en fB_2, U_2 est alors décalé de $\frac{\pi}{2}$ en arrière de I_2.

Fonctionnement du transformateur à décalage constant (fig. 12). — C'est le cas qu'on envisage le plus fréquemment dans les essais, la relation entre U_2 et I_2 s'appelle la *caractéristique externe* du transformateur. L'équation (1) nous montre que cette caractéristique sera représentée géométriquement par une ellipse, qui pour $\varphi_2 = \theta$ se réduit à la droite :

$$E_2 = Z_2'' I_2 + U_2$$

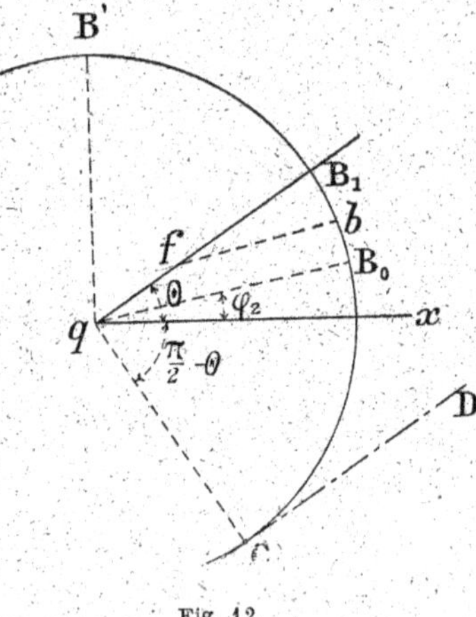

Fig. 12.

Comme précédemment, nous allons étudier la chute de tension sur le diagramme lui-même. Le point f se déplace comme nous le savons sur la droite fixe qf depuis q jusqu'à B_1 et φ_2 étant constant, fb se meut parallèlement à elle-même. Menons à la circonférence, lieu des points b, la tangente CD parallèle à qB. On voit que tant que la direction fb est comprise entre qC et qB', U_2 va en diminuant de la valeur E_2 correspondant à $I_2 = O$ (circuit ouvert) à celle nulle qui correspond à l'intensité du courant de court-circuit ; la chute de tension augmente avec l'intensité du courant secondaire. Ces directions comprennent toutes celles situées entre Ox et OB', c'est-à-dire

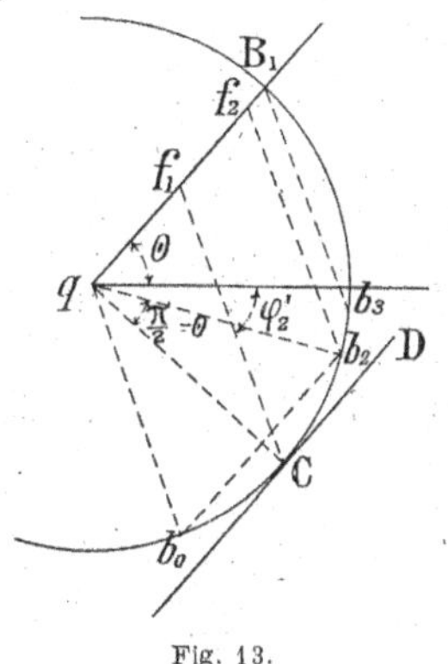

les décalages normaux où U_2 est en avance sur I_2. Elle comprend même les décalages de I_2 en avance sur U_2 plus petits en valeur absolue que $\dfrac{\pi}{2} - \theta$.

Examinons (fig. 13) le cas où I_2 est décalé en avant de U_2 d'un angle plus grand que $\dfrac{\pi}{2} - \theta$, nous désignerons la valeur absolue du décalage par φ'_2 :

$$\frac{\pi}{2} - \theta < \varphi'_2 < \frac{\pi}{2}$$

Pour $I_2 = O$, $U_2 = \overline{qb_o} = E_2$; puis I_2 croissant U_2 augmente et est par suite supérieur à E_2, il y a surtension. La tension U_2 passera par son maximum, lorsque le point b vient en C. Soit I'_2, U'_2 les valeurs de I_2 et U_2 pour ce maximum, l'angle $\widehat{qf_1c}$ est égal à $\pi - \theta - \varphi'_2$ et le triangle f_1qC est rectangle en q, on a donc :

Fig. 13.

$$\overline{qf_1} = \frac{\overline{qC}}{- \tang (\theta + \varphi'_2)}$$

$$\overline{f_1C} = \frac{\overline{qC}}{\sin (\theta + \varphi'_2)}$$

Ou en tenant compte de la valeur des vecteurs :

$$I'_2 = \frac{- E_2}{Z''_2 \tang (\theta + \varphi'_2)}$$

$$U'_2 = \frac{E_2}{\sin (\theta + \varphi'_2)}$$

Ce maximum ne sera atteint que si on a :

$$I'_2 < \overline{q B_1} = \frac{E_2}{Z''_2}$$

Ou comme tang $(\theta + \varphi'_2)$ est négatif $(\theta + \varphi'_2$ étant plus grand que $\frac{\pi}{2})$, il faut qu'on ait :

$$\text{tang}\,(\theta + \varphi'_2) > -1$$

d'où :

$$\varphi'_2 < \frac{3\pi}{4} - \theta$$

La valeur correspondante de U'_2 sera :

$$U'_2 = E_2 \sqrt{2}$$

Supposons cette condition remplie, après avoir passé par son maximum U_2 décroîtra jusqu'au moment où f viendra en B_1, la tension correspondante sera $B_1 b_3$. Elle n'est pas nulle, on ne peut en effet avoir un court-circuit ayant de la capacité ou en produisant les effets. f et B_1 étant confondus on a :

$$I''_2 = \frac{E_2}{Z''_2}$$

et l'équation caractéristique se réduit à :

$$U''^2_2 + 2Z''_2 U''_2 I''_2 \cos(\theta + \varphi'_2)$$

La solution $U''_2 = O$ ne convient pas physiquement et on a :

$$U''_2 = -2Z''_2 I''_2 \cos(\theta + \varphi'_2) = 2E_2 \cos(\theta + \varphi'_2)$$

Cette valeur pourra être plus grande que E_2 si on a :

$$\cos(\theta + \varphi'_2) > -\frac{1}{2}$$

ou :

$$\theta + \varphi'_2 > \frac{2\pi}{3}$$

soit :

$$\varphi'_2 > \frac{2\pi}{3} - \theta$$

ceci exige que θ soit plus grand que $\frac{\pi}{6}$ pour que φ'_2 soit plus petit que $\frac{\pi}{2}$.

La surtension cesse lorsque le point b arrive en b_2, $b_0\,b_2$ étant parallèles à $q\mathrm{B}_1$. On a alors qb_2f_2 étant isocèle :

$$\mathrm{I}_2 = -\,2\,\frac{\mathrm{E}_2}{\mathrm{Z}_2}\cos(\theta + \varphi'_2).$$

Si φ'_2 est plus grand que $\dfrac{3\pi}{4} - \theta$, ce qui exige $\theta > \dfrac{\pi}{4}$ pour que φ' soit plus petit que $\dfrac{\pi}{2}$, U_2 croîtra continuellement, il y aura toujours surtension et le maximum de tension aura lieu pour $\mathrm{I}_2 = \dfrac{\mathrm{E}_2}{\mathrm{Z}''_2}$.

Nous résumons ci-dessous ces résultats.

φ'_2	VARIATION DE U_2	OBSERVATIONS
$\dfrac{\pi}{2} - \theta$	Décroît de E_2 à O, I_2 variant de O à $\dfrac{\mathrm{E}_2}{\mathrm{Z}_2}$.	θ à une valeur quelconque.
	Croît de E_2 à un maximum $\dfrac{\mathrm{E}_2}{\sin(\theta + \varphi'_2)}$, décroît ensuite et devient inférieure à E_2 avant d'atteindre son minimum pour $\mathrm{I}_2 = \dfrac{\mathrm{E}_2}{\mathrm{Z}''_2}$.	
$\dfrac{2\pi}{3} - \theta$	Croît de E_2 à un maximum décroît ensuite en restant toujours supérieure à E_2 valeur qu'elle atteint pour $\mathrm{I}_2 = \dfrac{\mathrm{E}_2}{\mathrm{Z}''_2}$.	$\theta > \dfrac{\pi}{6}$
	Croît de E_2 à un maximum puis décroît et ne repasse pas par la valeur E_2.	
$\dfrac{3\pi}{4} - \theta$	Croît constamment et atteint son maximum $\mathrm{E}_2\sqrt{2}$ pour $\mathrm{I}_2 = \dfrac{\mathrm{E}_2}{\mathrm{Z}''_2}$.	$\theta > \dfrac{\pi}{4}$
	Croît constamment sans atteindre son maximum algébrique la valeur de ce maximum étant $-\,2\mathrm{E}_2\cos(\theta + \varphi'_2)$.	
$\dfrac{\pi}{2}$	Résultat dépendant de la valeur de θ qui détermine la position de $\varphi'_2 = \dfrac{\pi}{2}$ par rapport aux valeurs remarquables.	

Dans tous les cas, le maximum de maximorum de tension a lieu pour

$\varphi'_2 = \frac{\pi}{2}$, il a pour valeur $\frac{E_2}{\cos \theta}$ si $\theta < \frac{\pi}{4}$ et $2\,E_2 \sin \theta$ si $\theta > \frac{\pi}{4}$. La tension aux bornes est toujours inférieure à $2\,E_2$.

Influence de la valeur pratique de $\mathcal{R}$. — Comme nous l'avons déjà dit, l'intensité du courant de court-circuit est toujours faible et la chute ohmique étant petite, i_0 est quadrature avec U_1. Si on se reporte à la valeur de tang φ_0 :

$$\text{tang } \varphi_0 = \frac{4\pi n_1^2 \omega}{\mathcal{R} R_1}$$

le produit $\mathcal{R} R_1$ est très petit devant $4\pi n_1^2 \omega$, tang φ_0 est très grand et φ_0 est voisin de $\frac{\pi}{2}$.

En tenant compte de cela, le rapport de transformation à vide k devient :

$$k = \frac{n_2}{n_1}$$

et

$$R''_2 = R_2 + \frac{n_2^2}{n_1^2} R_1.$$

On a en outre :

$$\mathcal{L}''_2 = \frac{\dfrac{n_2^2}{n_1^2} \times \dfrac{R_1}{\omega} \times \left(\dfrac{R_1 \mathcal{R}}{4\pi n_1^2 \omega}\right)}{1 + \left(\dfrac{\mathcal{R} R_1}{4\pi n_1^2 \omega}\right)^2}$$

D'où [1] :

$$\mathcal{L}''_2 \omega \eqsim \frac{n_2^2}{n_1^2} \times R_1 \times \left(\frac{R_1 \mathcal{R}}{4\pi n_1^2 \omega}\right) = \frac{k^2 R_1}{\text{tang } \varphi_0}$$

k^2 peut être grand, mais R_1 étant faible et tang φ_0 pratiquement infini $\mathcal{L}''_2 \omega$ est très petit. Le triangle fondamental sera donc très aplati et on pourra sans grave erreur le supposer réduit à sa base ($\theta = 0$). On aura alors $R''_2 = Z''_2$.

Si on se reporte à la discussion antérieure, on voit que θ étant nul :

1° La valeur de φ_2 à partir de laquelle on aurait possibilité de surtension sera égale à $-\frac{\pi}{2}$, valeur rarement atteinte dans la pratique ;

2° La droite qf différera peu de qs et par suite le maximum de chute de tension aura lieu pour une valeur de φ_2 voisine de zéro. A intensité

---

[1] Le signe $\eqsim$ indique une égalité approximative.

constante, la chute de tension diminue quand le décalage augmente.
A décalage constant, la chute de tension croît avec l'intensité secondaire. Le transformateur fonctionne comme une simple résistance ohmique insérée dans le circuit secondaire.

Échange des puissances entre primaire et secondaire (fig. 14). — Reprenons le diagramme primitif, soit ψ_1 le décalage de I_1 sur OA, force contre-électromotrice aux bornes du primaire, le triangle ODE nous donne :

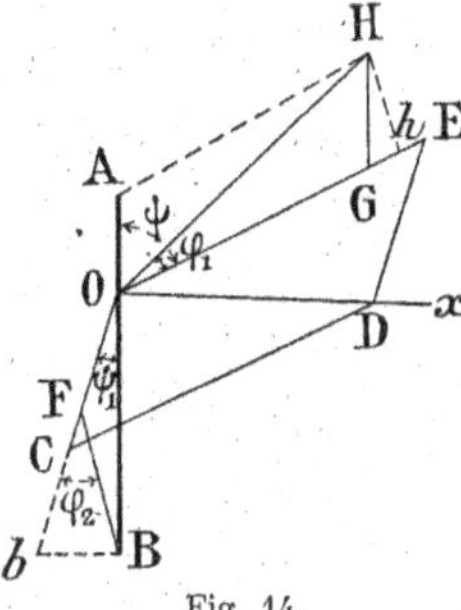

Fig. 14.

$$\frac{\sin \widehat{EOD}}{\sin \widehat{EDO}} = \frac{\overline{ED}}{\overline{EO}},$$

ou :

$$n_1 I_1 \cos \psi_1 = n_2 I_2 \cos \psi_2. \qquad (a)$$

Menons Hh perpendiculaire à OE, nous aurons :

$$\overline{Oh} = \overline{O\,j} + \overline{Gh},$$

soit :

$$U_1 \cos \varphi_1 = R_1 I_1 + n_1 \omega \Phi \cos \psi_1, \qquad (b)$$

OBb nous donne :

$$\overline{Ob} = \overline{OF} + \overline{Fb},$$

ou :

$$n_2 \omega \Phi \cos \psi_2 = R_2 I_2 = U_2 \cos \varphi_2. \qquad (c)$$

Nous déduisons des équations (a), (b) :

$$U_1 I_1 \cos \varphi_1 = R_1 I_1{}^2 + \omega \Phi n_1 I_1 \cos \psi_1 = R_1{}^2 I_1{}^2 + \omega \Phi n_2 I_2 \cos \psi_2$$

d'où en tenant compte de (c) nous tirons :

$$UI \cos \varphi_1 = R_1 I_1{}^2 + R_2 I_2{}^2 + U_2 I_2 \cos \varphi_2. \qquad (A)$$

Nous avons dans les mêmes triangles :

$$\overline{Hh} = U_1 \sin \varphi_1 = n_1 \omega \Phi \sin \psi_1 \qquad (a')$$

$$\overline{Bb} = U_2 \sin \varphi_2 = n_2 \omega \Phi \sin \psi_2 \qquad (b')$$

En projetant OED sur Ox nous aurons :

$$\overline{OD} = \overline{OE} \cos \widehat{EOD} - \overline{DE} \cos \widehat{EDx}$$

ou :

$$\frac{\mathcal{R}\Phi}{4\pi} = n_1 I_1 \sin \psi_1 - n_2 I_2 \sin \psi_2 \qquad (c')$$

Nous tirons de (a') et (c') :

$$U_1 I_1 \sin \varphi_1 = \omega\Phi \, n_1 I_1 \sin \psi_1 = \frac{\omega\mathcal{R}\Phi^2}{4\pi} + \omega\Phi \, n_2 I_2 \sin \psi_2$$

ou en tenant compte de (b') :

$$U_1 I_1 \sin \varphi_1 = \frac{\omega\mathcal{R}\Phi^2}{4\pi} + UI \sin \varphi_2 . \qquad (A')$$

Si nous voulions produire le même flux Φ dans le circuit magnétique le circuit secondaire étant ouvert, nous devrions faire passer dans le primaire un courant d'intensité efficace I'_0 en phase avec Φ et tel que :

$$n_1 I_0 = \frac{\mathcal{R}\Phi}{4\pi} .$$

Le diagramme relatif au primaire deviendrait OG_0H_0 (fig. 15), et φ'_0 étant alors l'angle de décalage de I'_0 sur la tension U'_0 qu'il faudrait appliquer aux bornes du primaire, nous aurons :

$$U'_0 \sin \varphi'_0 = n_1 \omega\Phi$$

ou :

$$U'_0 I'_0 \sin \varphi_0 = n_1 I_0 \omega\Phi = \frac{\omega\mathcal{R}\Phi^2}{4\pi} .$$

$\dfrac{\omega\mathcal{R}\Phi^2}{4\pi}$ représente donc la puissance magnétisante nécessaire pour produire dans la marche à vide le flux Φ.

Les équations (A) et (A') donnent lieu aux mêmes conclusions que celles que nous avions trouvées pour le transformateur parfait.

La puissance réelle fournie par le réseau au primaire est égale à celle utilisée dans le réseau alimenté par le secondaire augmentée des pertes par chaleur joule dans le transformateur.

La puissance magnétisante fournie par le réseau primaire est égale à celle absorbée par le réseau secondaire augmentée de la puissance magnétisante nécessaire pour produire le même flux dans la marche à vide. Mais ici cette puissance varie un peu avec la charge du transformateur.

Étude de l'intensité dans le circuit primaire. — On peut construire un diagramme permettant d'étudier aussi facilement la variation du courant primaire suivant les valeurs de I_2 et de φ_2. Construisons comme précédemment la figure $hOfbd$ (fig. 16) et menons Or perpendiculaire à Of et telle que :

$$\frac{\overline{Or}}{\overline{Of}} = \frac{\overline{Ob}}{\overline{Od}}.$$

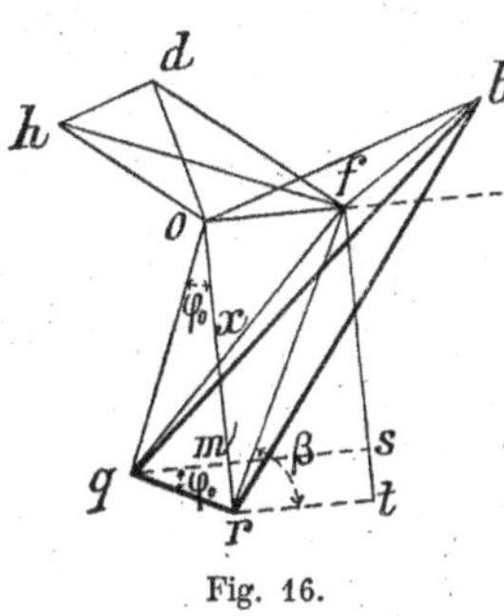

Fig. 16.

Nous en déduisons :

$$Or = R_2 I_2 \times \frac{n_2\, \omega\, \Phi}{\frac{\mathcal{R}\Phi}{4\pi} \times \frac{R_2}{n_2}} - = R_2 I_2 \times \frac{4\pi n_2{}^2 \omega}{\mathcal{R} R_2}$$

Les triangles Obr et Ofd ont un angle égal compris entre côtés proportionnels et nous en déduisons :

$$\frac{\overline{rb}}{\overline{fd}} = \frac{\overline{Or}}{\overline{Of}} = \frac{4\pi n_2{}^2 \omega}{\mathcal{R} R_2},$$

d'où :

$$\overline{rb} = \overline{fd}.\frac{4\pi n_2{}^2 \omega}{\mathcal{R} R_2} = \frac{4\pi n_1 n_2 \omega}{\mathcal{R}} I_1$$

Le triangle Ofr ou son égal rtf reste toujours semblable à lui-même. L'angle $\beta = \widehat{frt}$ nous sera donné par :

$$\tan g\, \beta = \frac{\overline{Or}}{\overline{Of}} = \frac{4\pi n_2{}^2 \omega}{\mathcal{R} R_2}$$

et nous aurons :

$$\overline{rf} = \sqrt{\overline{Of^2} + \overline{fr^2}} = \frac{I_2}{\mathcal{R}} \sqrt{R_2 R_2{}^2 + (4\pi n{}^2{}_2 \omega)^2}.$$

Menons le vecteur Oq comme dans les épures précédentes nous avons :

$$\widehat{qOr} = \varphi_0.$$

et

$$\frac{\overline{Oq}}{\overline{Or}} = \frac{\dfrac{\overline{Of}.\overline{Ob}}{\overline{Oh}}}{\dfrac{\overline{Of}.\overline{Ob}}{\overline{Od}}} = \frac{\overline{Od}}{\overline{Oh}}$$

Le triangle Oqr est donc semblable à hod et est par suite rectangle en r. Nous aurons de plus :

$$\overline{qr} = \overline{hd} \times \frac{\overline{Oq}}{\overline{Od}} = \frac{(4\pi)^2 n_1{}^2 n_2{}^2 \omega^2}{\mathcal{R}\sqrt{\mathcal{R}^2 R_1{}^2 + (4\pi n_1{}^2 \omega)^2}} I_2.$$

Nous avons en outre :

$$\widehat{bqO} = \widehat{hfO},$$

$$\widehat{brO} = \widehat{dfO},$$

d'où :

$$\widehat{Oxb} = \varphi_0 + \widehat{bqO} = \varphi_0 + \widehat{hfO},$$

et

$$\widehat{qbr} = \widehat{Oxb} - \widehat{bro} = \varphi_0 + \widehat{hfo} - \widehat{dfo} = \varphi_0 - \widehat{dfh}.$$

Mais $\widehat{dfh}$ est le décalage φ_1 de I_1 sur U_1 on a donc :

$$\widehat{qbr} = \varphi_0 - \varphi_1.$$

Une fois le triangle fondamental qsf des tensions construit, on détermine facilement la position du point r, on a en effet :

$$\overline{qm} = \overline{qs} - ms = (R_2 + k^2 R_1 - R_2)\, I_2 = k^2 R_1 I_2$$

$$\overline{mr} = \overline{Or} - fs = R_2 I_2 \times \frac{4\pi n_2{}^2 \omega}{\mathcal{R} R_2} - \frac{4\pi n_2{}^2 R_1{}^2 \mathcal{R}\, \omega}{\mathcal{R}^2 R_1{}^2 + (4\pi_1{}^2 \omega)^2} I^2$$

$$= \frac{4\pi n_2{}^2 \omega\, (4\pi n_1{}^2 \omega)^2}{\mathcal{R}\,[\mathcal{R}^2 R_1{}^2 + (4\pi n_1{}^2 \omega)^2]} I_2$$

. Mais on peut étudier directement les variations de I_1 et φ_1 en considérant qfr comme un triangle fondamental puisqu'il reste semblable à lui-même et que ses côtés font avec I_2 des angles fixes, nous laissons ce soin au lecteur.

Dans la marche en court-circuit, on a $qb = qf = E_2$, $rb = rf$, b et f étant confondus on a alors :

$$\frac{4\pi n_1 n_2 \omega}{\mathcal{R}} I_{cc_1} = \frac{I_{cc}}{\mathcal{R}} \sqrt{\mathcal{R}^2 R_2^2 + (4\pi n_2^2 \omega)^2}$$

d'où :

$$\frac{I_{cc}}{I_{cc_1}} = \frac{n_1}{n_2} \times \frac{4\pi n_2^2 \omega}{\sqrt{\mathcal{R}^2 R_2^2 + (4\pi n_2^2 \omega)^2}} = \frac{1}{k'} < \frac{n_1}{n_2}$$

Pratiquement $\tang \beta$ sera très grand et β sera voisin de $\frac{\pi}{2}$, fr et br seront à peu près parallèles à Or et on aura :

$$\widehat{bqs} \simeq \frac{\pi}{2} - (\varphi_0 - \varphi_1)$$

et comme φ_0 est voisin de $\frac{\pi}{2}$:

$$\widehat{bqs} \simeq \varphi_1$$

nous reviendrons sur ce point ultérieurement.

fb devenant alors négligeable devant rf et rb on aura :

$$rf \simeq rb$$

et par suite :

$$\frac{I_2}{I_1} \simeq \frac{n_1}{n_0} \times \frac{4\pi n_2^2 \omega}{\sqrt{\mathcal{R}^2 R_2^2 + (4\pi n_2^2 \omega)^2}} \simeq \frac{I_{cc}}{I_{cc_1}}.$$

Transformateur alimenté à intensité constante. — Dans ce cas I_1 est constant et par suite rb aussi, pour ramener la figure à une représentation plus simple, nous diviserons toutes les lignes par $\frac{4\pi n_1 n_2 \omega}{\mathcal{R}}$, nous aurons :

$$rb = I_1$$

$$rf = I_2 \sqrt{\frac{\mathcal{R}^2 R_2^2}{(4\pi n_1 n_2 \omega)^2} + \left(\frac{n_2}{n_1}\right)^2} = k' I_2$$

$$rt = I_2 \times \frac{\mathcal{R} R_2}{4\pi n_1 n_2 \omega}$$

$$ft = I_2 \times \frac{n_2}{n_1}$$

$$qm = I_2 \times \frac{k^2 \mathcal{R} R_1}{4\pi n_1 n_2 \omega}$$

$$mr = I_2 \times \frac{n_2}{n_1} \times \frac{(4\pi n_1^2 \omega)^2}{[\mathcal{R}^2 R_1^2 + (4\pi n_1^2 \omega)^2]}$$

$$qb = \frac{\mathcal{R}k}{4\pi n_1 n_2 \omega} U_1 = \frac{\mathcal{R}}{\sqrt{\mathcal{R}^2 R_1^2 + (4\pi n_1^2 \omega)}} U_1$$

$$fb = \frac{\mathcal{R}}{4\pi n_1 n_2 \omega} U_2.$$

Le triangle *rfb* donne la relation :

$$\overline{rb}^2 = \overline{rf}^2 + \overline{fb}^2 - \overline{2rb}\ \overline{fb} \cos \widehat{rfb}$$

soit :

$$I_1^2 = k'^2 I_2^2 + \frac{\mathcal{R}^2}{(4\pi n_1 n_2 \omega)^2} U_2^2 + 2 \frac{k' \mathcal{R}}{4\pi n_1 n_2 \omega} U_2 I_2 \cos(\beta - \varphi_2).$$

Si on tient compte des relations pratiques de grandeur nous aurons :

$$I_1^2 = k'^2 I_2^2$$

ou :

$$I_1 = \frac{n_2}{n_1} I_2$$

Dans le transformateur alimenté à intensité constante, l'intensité secondaire reste très sensiblement constante. L'étude détaillée des diagrammes dans les divers cas n'aurait donc aucun intérêt.

Résumé. — Par suite de la résistance des enroulements et de la puissance qu'ils absorbent par chaleur Joule, le rapport des tensions n'est plus constant, généralement il diminue et il y a chute de tension au secondaire lorsque la charge augmente. Pour les charges sur des réseaux ayant une très forte capacité, il peut y avoir surtension (excès de la tension secondaire en charge sur la tension à vide). A vide le rapport des tensions est plus petit que celui du nombre de spires.

On peut appliquer le diagramme de Kapp à condition que la réluctance du circuit magnétique soit faible.

Dans un transformateur alimenté à intensité constante, l'intensité secondaire est pratiquement constante.

FONCTIONNEMENT DU TRANSFORMATEUR EN TENANT COMPTE DE L'HYSTÉRÉSIS ET DES COURANTS DE FOUCAULT

Rappel des effets de l'hystérésis sur les flux, les intensités et les différences de potentiel. — Lorsqu'un noyau de fer se trouve placé dans le champ magnétique créée par un circuit électrique, il y a augmentation de la réactance et par suite de cos φ, pour ce circuit. Il faut tenir compte en outre dans l'étude des phénomènes qu'on doit, pour entretenir le champ, fournir non seulement la chaleur Joule absorbée par les conducteurs constituant le circuit mais encore l'énergie correspondant aux cycles d'hystérésis auxquels est soumis le fer. Cette énergie, pour chaque cycle, est donnée par la formule de Steinmetz :

$$\eta \, V \mathcal{B}_m^{1,6} \cdot \text{ergs}$$

où V est le volume en centimètres cubes du noyau, $\mathcal{B}_m$ l'induction maxima en unités C.G.S. et η un coefficient dépendant de la qualité du fer et égal en moyenne à 0,003. Si le champ est créé par un courant alternatif de fréquence f, il y aura f cycles de décrits par seconde et la puissance absorbée par hystérésis sera en watts :

$$W_h = f \eta \, V \mathcal{B}_m^{1,6} \, 10^{-7}.$$

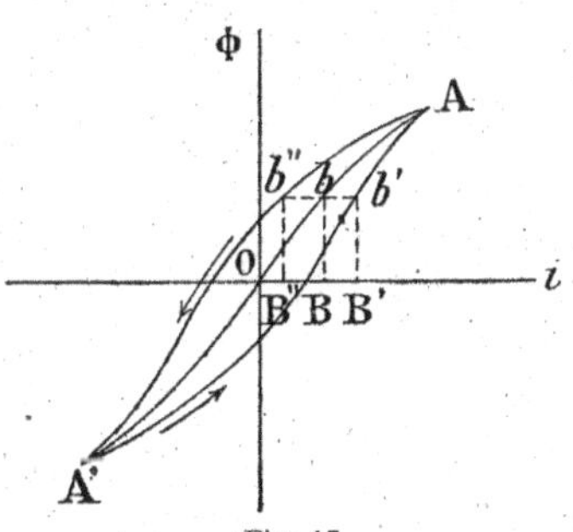

Fig: 17.

Considérons un enroulement placé sur un circuit magnétique et faisons passer dans cet enroulement un courant alternatif, s'il n'y avait pas d'hystérésis le flux produit serait en phase avec l'intensité du courant, et sa valeur instantanée nous serait donnée pour la valeur instantanée OB de l'intensité du courant inducteur par l'ordonnée correspondante Bb de la courbe de magnétisme A'OA (fig. 17). Mais le fer décrivant un cycle, cette valeur Bb du flux ne sera obtenue que lorsque l'intensité i du courant aura atteint la valeur OB′ en augmentant, ou OB″ en diminuant, c'est-à-dire dans les deux cas un certain temps après son passage par la valeur OB. Pour interpréter mathématiquement les faits, on conservera entre le flux instantané Φ_i et l'intensité instantanée la même relation qu'entre Bb et OB mais en tenant compte du retard à atteindre cette valeur. Si le flux et l'intensité sont sinusoïdaux, ce retard s'exprimera par un décalage α du flux en arrière de l'intensité ou, par extension, des ampères-tours qui le produit. La force électromotrice de self-induction, dérivée changée de signe du flux, aura la même valeur efficace que s'il n'y avait pas hystérésis mais elle sera décalée aussi de α en arrière de la position qu'elle aurait eu, c'est-à-dire de la normale au vecteur représentatif de l'intensité. Le graphique représentatif de l'équation :

$$u = \mathrm{R}i + \mathcal{L}\frac{di}{dt}$$

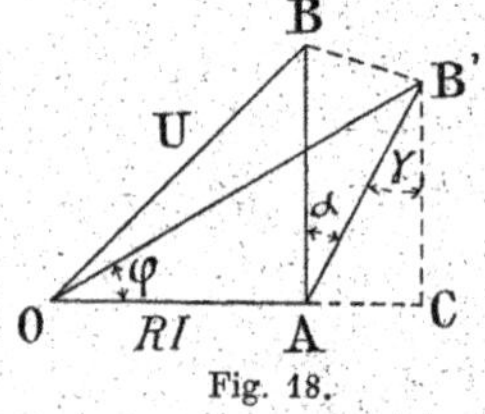

Fig. 18.

qui sans l'hystérésis serait le triangle rectangle OAB (fig. 18) devient OAB′ ; pour une même valeur de I, OB′ est plus grand que OB, inversement pour une valeur donnée de U, I sera plus faible. On voit de plus que le décalage de I sur U est diminué, ce qui corrige l'augmentation due à l'accroissement de $\mathcal{L}$.

Projetons OB′ sur OA on a :

$$\mathrm{U}\cos\varphi = \mathrm{R}\mathrm{I} + \mathcal{L}\omega\mathrm{I}\sin\alpha.$$

En multipliant les deux membres par I il vient :

$$\mathrm{U}\mathrm{I}\cos\varphi = \mathrm{R}\mathrm{I}^2 + \mathcal{L}\omega\mathrm{I}_2\sin\alpha$$

UI cos φ est la puissance réelle fournie au circuit, RI² celle absorbée par chaleur Joule, $\mathcal{L}\omega\mathrm{I}^2\sin\alpha$ est donc la puissance consommée par hystérésis. On a donc :

$$\mathcal{L}\omega\mathrm{I}^2\sin\alpha = \mathrm{W}_h = f\eta\mathrm{V}\mathcal{B}_m^{1,6}$$

On peut déterminer ainsi l'angle α avance de l'intensité sur le flux qu'elle engendre, on lui donne le nom d'avance *hystérétique*, il varie suivant les qualités du métal de 30 à 45°.

Remarque I. — Le phénomène est en réalité beaucoup plus complexe, nous savons en effet que la perméabilité du fer varie avec l'induction, celle-ci n'est donc pas proportionnelle à l'intensité du courant ; lorsqu'il y a du fer, le flux et l'intensité du courant qui le produit ne peuvent pas être sinusoïdaux à la fois. L'hystérésis augmente encore cette discordance, car si on construit les courbes ayant pour abscisses les temps et pour ordonnées, d'une part l'intensité instantanée et d'autre part la valeur B′*b*′ du flux qui correspond réellement à celle-ci ; d'après le cycle, on voit que si la première est sinusoïdale la seconde s'en écartera beaucoup. La force électromotrice de self-induction ne peut donc pas être sinusoïdale en même temps que l'intensité, il en sera de même de la différence de potentiel appliquée aux bornes de l'enroulement.

Dans presque tous les appareils contenant du fer, la résistance ohmique est pratiquement négligeable devant la self. La différence de potentiel aux bornes de l'enroulement est alors égale et de même forme que la force électromotrice de self-induction.

Dans les distributions usuelles en dérivation, la différence de potentiel appliquée est sinusoïdale, il en sera donc de même de la force électromotrice de self-induction et par suite le flux est sinusoïdal, mais l'intensité ne le sera pas.

Dans une distribution série, l'intensité serait sinusoïdale et alors le flux et la différence de potentiel ne le seraient plus.

Pratiquement, on ne tient pas compte de ces déformations et on prend pour l'intensité celle du courant sinusoïdal qui développerait la même chaleur Joule et qui aurait l'avance hystérétique déterminée comme il a été dit plus haut.

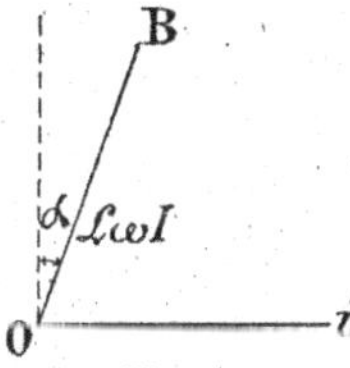

Fig. 19.

Remarque II. — Dans le cas où la résistance ohmique est négligeable le diagramme se réduit à la droite OB faisant avec la perpendiculaire à O*i* l'angle α. L'intensité est décalée de $\frac{\pi}{2} - \alpha$ en arrière de la différence de potentiel (fig. 19). On a dans ce cas :

$$UI \sin \alpha = W_h.$$

Rappel des effets des courants de Foucault. — Les courants induits par les variations du flux dans le fer et dans les conducteurs, si ceux-ci sont massifs, produisent des effets analogues à ceux de l'hystérésis. L'échauffement qu'ils causent absorbe une certaine puissance s'ajoutant aux pertes Joules et hystérétiques pour augmenter l'absorption de puissance réelle. La puissance perdue par courants de Foucault peut s'évaluer par la formule :

$$W_f = \chi V f^2 \mathcal{B}_m^2 \, 10^{-11} \text{ watts}$$

V, f, $\mathcal{B}_m$ ont la même signification et sont exprimés avec les mêmes unités que dans la formule de Steinmetz, le coefficient χ est égal à 0,004 pour les tôles usuelles de 0 mm,4 à 0 mm,5 d'épaisseur.

Les courants de Foucault produisent aussi un décalage du flux en arrière de l'intensité. Ils sont en effet en retard sur la force électromotrice OE qui les produit (fig. 20); celle-ci est normale au flux total, ce dernier OC est le résultant du flux OB induit par les courants de Foucault et du flux principal OD en phase avec le courant I dans l'enroulement. La force électromotrice de réactance dans l'enroulement, normale au flux résultant OC sera donc en arrière de la normale DA à OD d'un certain angle α'. Or DA serait la direction de la force électromotrice de self s'il n'y avait pas de courants de Foucault.

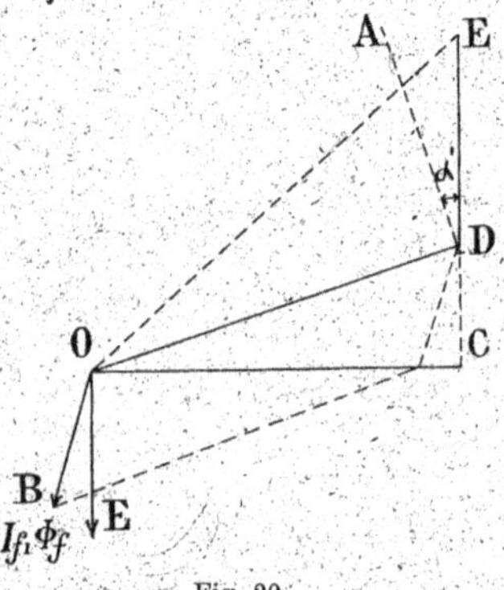

Fig. 20.

Il en résulte pour une différence de potentiel efficace donnée une diminution de l'intensité efficace et du décalage. L'angle α' se calculerait comme l'angle α d'avance hystérétique.

Tous les phénomènes étant dus simplement à l'induction, les courants de Foucault ne déforment pas les courants.

Diagramme de fonctionnement du transformateur en tenant compte de l'hystérésis et des courants de Foucault. — Ce diagramme est facile à établir, prenons encore comme origine des phases celle Ox du flux dans le circuit magnétique (fig. 21) ; $OB = n_2\,\omega\Phi$, décalé de $\frac{\pi}{2}$ en arrière sur le flux représenté $- n_2\dfrac{d\Phi_i}{dt}$ sera la résultante de $OF = R_2 I_2$ et de la tension $FB = U_2$ aux bornes du secondaire. Soit $OC = n_2 I_2$, comme nous venons de le voir, le flux Φ n'est plus en phase avec les ampères-tours résultants, il est en retard sur eux d'un certain angle α somme de ceux dus à l'hystérésis et aux courants de Foucault ; les ampères-tours résultants seront donc représentés par le vecteur $OD = \dfrac{\mathcal{R}\Phi}{4\pi}$ faisant l'angle α avec Ox. En construisant le parallélogramme OCDE, nous aurons $OE = n_1 I_1$, nous prendrons $OG = R_1 I_1$ et en menant GH perpendiculaire à Ox et égal à $n_1\omega\Phi$, nous obtiendrons en OH le vecteur représentatif de U_1, sa longueur fixera l'échelle du diagramme.

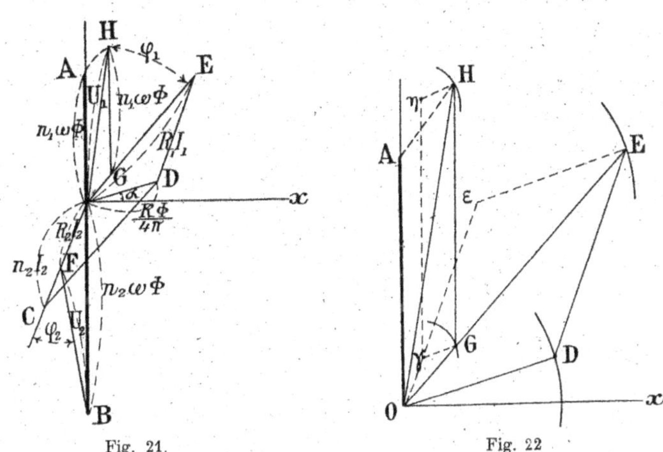

Fig. 21.   Fig. 22

Influence de l'induction dans le fer sur le fonctionnement du transformateur (fig. 22). — α croît avec l'induction employée, tant qu'on est loin de la saturation $\mathcal{R}$ est à peu près indépendant de cette induction. Si laissant I_2, U_2 et φ_2 constant nous faisons varier l'induction en changeant la section du fer, α varie et le point D se déplace sur un arc de cercle. Le point E décrit une circonférence obtenue en déplaçant celle, lieu du point D, parallèlement à elle-même de DE. Si α augmente CD croît et se rapproche de CO, le décalage de I_1 sur I_2 croît ainsi que le rapport $\frac{I_1}{I_2}$. G décrira aussi une circonférence et en transportant cette dernière parallèlement à OA de la quantité fixe GH on a le lieu de H. OH croît donc avec α et par suite U_2 et I_2 diminuent si U_1 est constant, le décalage de I_1 sur U_1 diminue car H étant toujours loin, OH varie peu en direction et en tous cas moins vite que OG. Si on tient compte de l'augmentation de la valeur de $\mathcal{R}$ on voit que D s'éloignant de O, I_1 va augmenter. Son avance sur I_2 diminuera, U_1 et φ_1 augmenteront. Les effets sur les décalages diminuent donc un peu ceux dus à la variation de α.

L'augmentation de l'induction faisant croître α et $\mathcal{R}$ causera une diminution de la tension aux bornes du secondaire, et des intensités primaire et secondaire ; elle accroît le rapport $\frac{I_1}{I_2}$ et l'avance de I_1 sur I_2, elle diminue le décalage du courant primaire sur la tension aux bornes de celui-ci.

Étude du fonctionnement. — Nous transformerons le diagramme précédent comme nous l'avons fait dans le cas où nous ne tenions pas compte de l'hystérésis ni des courants de Foucault. Nous construirons d'abord (fig. 23) la figure O$fbhd$, dans laquelle nous aurons :

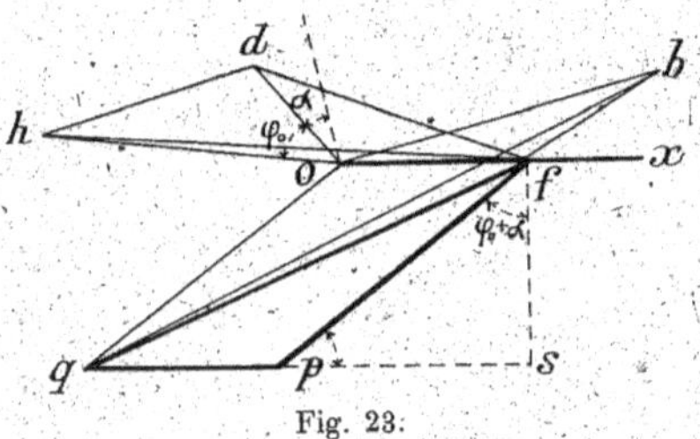

Fig. 23.

$$
\left\{
\begin{aligned}
\overline{Of} &= R_2 I_2, \\
\overline{fb} &= U_2, \\
\overline{Ob} &= n_2 \omega \Phi, \\
\overline{fd} &= n_1 \frac{R_2}{n_2} I_1 \\
\overline{Od} &= \frac{R_2}{n_2} \frac{\mathcal{R}\Phi}{4\pi} \\
\overline{hd} &= \frac{n_1}{n_2} \times \frac{R_2}{R_1} \times n_1 \omega \Phi \\
\overline{hf} &= \frac{n_1}{n_2} \times \frac{R_2}{R_1} \times U_1
\end{aligned}
\right.
\qquad
\left\{
\begin{aligned}
\widehat{bfa} &= \varphi_2 \\
\widehat{bod} &= \frac{\pi}{2} + \alpha \\
\widehat{doh} &= \varphi_0.
\end{aligned}
\right.
$$

Nous aurons en remarquant que $\widehat{hdo} = \dfrac{\pi}{2} + \alpha$:

$$\overline{Oh}^2 = \overline{Od}^2 + \overline{dh}^2 + 2\overline{Od}\,\overline{Oh}\sin\alpha,$$

d'où :

$$\overline{Oh} = \frac{R_2\Phi}{4\pi R_1 n_2}\sqrt{\mathcal{R}^2 R_1^2 + (4\pi n_1^2\omega)^2 + 2\mathcal{R}R_1(4\pi n_1^2\omega\sin)\alpha} = \frac{R_2\Delta\Phi}{4\pi R_1 n_2}$$

en posant :

$$\Delta^2 = \mathcal{R}^2 R_1^2 + (4\pi n_1^2\omega)^2 + 2\mathcal{R}R_1(4\pi n_1^2\omega)\sin\alpha.$$

Le même triangle hdo nous donne :

$$\frac{\overline{hO}}{\cos\alpha} = \frac{\overline{hd}}{\sin\varphi_0} = \frac{Od}{\cos(\varphi_0 + \alpha)}$$

d'où :

$$\sin\varphi_0 = \frac{4\pi n_1^2\omega}{\Delta}\cos\alpha$$

$$\cos(\varphi_0 + \alpha) = \frac{\mathcal{R}R_1}{\Delta}\cos\alpha.$$

Nous mènerons $\overline{Oq}$ faisant avec Ox l'angle $\dfrac{\pi}{2} + \alpha + \varphi_0$ et de longueur :

$$Oq = \overline{Of} \times \frac{\overline{Ob}}{\overline{Oh}} = \frac{4\pi n_2^2\omega R_1}{R_2\Delta}R_2 I_2.$$

fOh et qOb sont semblables et :

$$\overline{qb} = fh \times \frac{Ob}{Oh} = \frac{4\pi n_1 n_2\omega}{\Delta}U_1 = k.U_1$$

avec :

$$k = \frac{4\pi n_1 n_2\omega}{\Delta}$$

Construisons le triangle qsf rectangle en s et ayant son côté qs parallèle à Ox nous avons :

$$\overline{qs} = qp + ps = R_2 I_2 + \overline{Oq}\cos\widehat{fps} = R_2 I_2 + \frac{4\pi n_2^2\omega R_1 I_2}{\Delta}\sin(\varphi_0 + \alpha).$$

Or :

$$\sin(\varphi_0 + \alpha) = \frac{\mathcal{R}R_1\sin\alpha + 4\pi n_1^2\omega}{\Delta}$$

d'où :

$$\overline{qs} = \left[R_2 + R_1\left[\frac{(4\pi n_1 n_2\omega)^2}{\Delta^2} + \frac{\mathcal{R}R_1\sin\alpha \times 4\pi n_2^2\omega}{\Delta^2}\right]\right]I_2.$$

$$qs = \left[R_2 + R_1 \left[k^2 + \frac{\mathcal{R} R_1 \sin \alpha \times 4\pi n_2{}^2 \omega}{\Delta^2} \right] \right] I_2.$$

Nous aurons pour l'autre côté du triangle :

$$\overline{fs} = \overline{Oq} \cos(\varphi_0 + \alpha) = \frac{4\pi n^2{}_2 \omega \mathcal{R} R_1{}^2 I_2}{\Delta^2} \cos \alpha$$

Si l'induction est assez faible pour qu'on puisse supposer α et $\mathcal{R}$ constants, le coefficient k et ceux de I_2 dans qs et fs sont constants et on peut poser :

$$\overline{qs} = R''{}_2 I_2$$

$$\overline{fs} = \mathcal{L}''{}_2 \omega I_2$$

$$\overline{fg} = Z''{}_2 I_2$$

Nous sommes donc ramenés au diagramme de Kapp.

Comparons aux valeurs trouvées dans le cas des simples résistances, k est légèrement diminué car sous le radical de son expression se trouve en plus le terme $2\,\mathcal{R} R_1 (4\,\pi n_1{}^2 \omega)^2 \sin \alpha$. Dans R'' le coefficient de R_1 est diminué du fait de l'amoindrissement de k et augmenté du fait du deuxième terme, il n'y a donc qu'une faible différence. $\mathcal{L}''{}_2$ a diminué un peu pour la même raison que k.

En pratique, $\mathcal{R} R_1$ est toujours petit devant $4\pi n^2 \omega$ et on a :

$$\Delta \eqsim \pi n_1{}^2 \omega$$

$$\cos(\varphi_0 + \alpha) = 0$$

d'où :

$$\varphi_0 + \alpha = \frac{\pi}{2}$$

Nous avions déjà vu qu'il en était ainsi dans un circuit ordinaire pourvu que la résistance ohmique fut faible devant la self. Nous aurons ensuite :

$$k \eqsim \frac{n_2}{n_1}$$

$$R''{}_2 \eqsim \left[R_2 + R_1 \frac{n^2{}_2}{n^2{}_1} \left(1 + \frac{n_2{}^2}{n^2{}_1} \mathcal{R} R_1 \sin \alpha \right) \right] \eqsim R_2 + R_1 \frac{n^2{}_2}{n_1{}^2}$$

$$\mathcal{L}'{}_2 \eqsim 0$$

Les résultats pratiques seront donc les mêmes dans les deux cas : Chute de tension croissant avec le décalage et la charge.

On arrive au même résultat dans les deux cas parce que le côté Oh de Ohd est toujours sensiblement parallèle à Od, et par suite il en est de même de fr.

Echange des puissances entre primaire et secondaire. — Reprenons le diagramme initial (fig. 24) et projetons successivement sur Ox et Oy le triangle ODE, nous aurons :

$$\left. \begin{aligned} n_1 I_1 \sin \psi_1 &= n_2 I_2 \sin \psi_2 + \frac{\mathcal{R}\Phi}{4\pi} \cos \alpha, \\ n_1 I_1 \cos \psi_1 &= n_2 I_2 \cos \psi_2 + \frac{\mathcal{R}\Phi}{4\pi} \sin \alpha, \end{aligned} \right\} \quad (1)$$

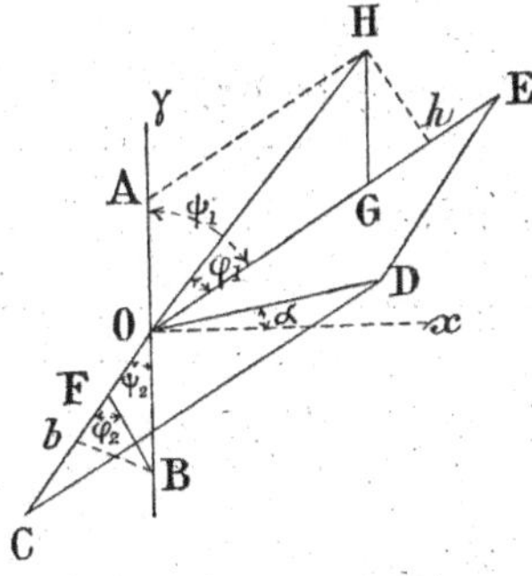

Fig. 24.

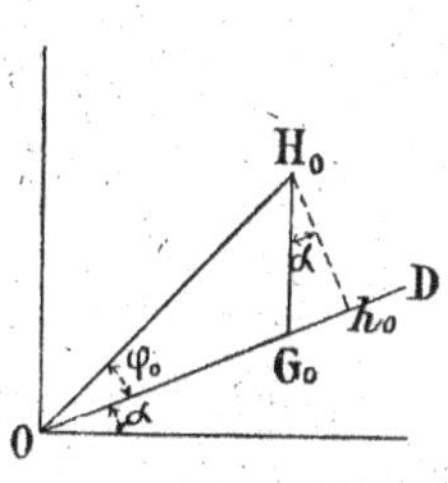

Fig. 25.

D'autre part, les triangles rectangles OHh, OBb nous donnent :

$$\overline{Oh} = \overline{OG} + \overline{Gh} \qquad \text{ou} \qquad U_1 \cos \varphi_1 = R_1 I_1 + n_1 \omega \Phi \cos \psi_1$$

$$\overline{Hh} = U_1 \sin \varphi_1 = n_1 \omega \Phi \sin \psi_1$$

$$\overline{OB} = \overline{OF} + \overline{Fb} \qquad \text{ou} \qquad n_2 \omega \Phi \cos \psi_2 = R_2 I_2 + U_2 \cos \varphi_2$$

$$\overline{Bb} = U_2 \sin \varphi_2 = n_2 \omega \Phi \sin \psi_2$$

En portant les valeurs de $\cos \psi_1$, $\cos \psi_2$, $\sin \psi_1$, $\sin \psi_2$ déduites de ces équations dans les deux premières, nous aurons :

$$U_1 I_1 \sin \varphi_1 = U_2 I_2 \sin \varphi_2 + \frac{\mathcal{R}\Phi}{4\pi} \Phi\omega \cos \alpha$$

$$U_1 I_1 \cos \varphi_1 = U_2 I_2 \cos \varphi_2 + R_1 I_1{}^2 + R_2 I_2{}^2 + \frac{\mathcal{R}\Phi}{4\pi} \Phi\omega \sin \alpha \qquad (2)$$

Appelons encore I_0, l'intensité efficace du courant dans le primaire qui donne lieu dans la marche à vide au flux Φ et soit U_0 la tension efficace qu'il faudrait alors appliquer au primaire. On aura :

$$n_1 I_0 = \frac{\mathcal{R}\Phi}{4\pi}$$

Le diagramme se réduit alors (fig. 25) à ODG_0H_0 et on a :

$$Oh_0 = OG_0 + G_0 h_0$$

ou

$$U_0 \cos \varphi_0 = R_1 I_0 + n_1 \omega \Phi \sin \alpha$$

et

$$H_0 h_0 = U_0 \sin \varphi_0 = n_1 \omega \Phi \cos \alpha$$

d'où

$$\frac{\mathcal{R}\Phi}{4\pi} \Phi\omega \cos \alpha = U_0 I_0 \sin \varphi_0$$

$$\frac{\mathcal{R}\Phi}{4\alpha} \Phi\omega \sin \alpha = U_0 I_0 \cos \varphi_0 - R_1 I_0{}^2 \qquad (3)$$

La première de ces expressions nous montre que $\frac{\mathcal{R}\Phi}{4\pi} \cdot \Phi\omega \cos \alpha$ est la puissance magnétisante nécessaire pour créer le flux Φ. La deuxième signifie que $\frac{\mathcal{R}\Phi}{4\pi}\Phi\omega \sin \alpha$ est égal à la puissance réelle absorbée dans le primaire diminuée de la chaleur Joule absorbée dans cet enroulement. Cette quantité représente donc les pertes par hystérésis et courants de Foucault. Ces pertes ne dépendent que de l'induction et par suite de la valeur du flux quelle que soit la façon dont sont obtenus les ampères-tours producteurs, nous énoncerons donc les équations (2) :

La puissance magnétisante fournie par le réseau primaire est la somme de la puissance magnétisante absorbée dans le réseau branché sur le secondaire et de celle nécessaire pour produire le flux dans le transformateur.

La puissance réelle fournie par le réseau primaire est la somme de la puissance réelle absorbée dans le réseau branché sur le secondaire, des pertes par chaleur Joule dans les deux enroulements, des pertes par hystérésis et des pertes par courants de Foucault.

Remarque. — Dans tous les cas, les propositions relatives aux échanges de puissances entre primaire et secondaire sont vraies *à priori* et les calculs que nous avons faits sont surtout des vérifications de l'exactitude des diagrammes. On remarquera qu'en les établissant on n'a fait aucune hypothèse spéciale.

Résumé. — L'hystérésis et les courants de Foucault augmentent la puissance réelle absorbée par le transformateur.

Il en résulte une diminution de la tension secondaire et des intensités des courants qui sont ramenés en opposition. Ces effets s'accroissent avec la grandeur de l'induction.

Pratiquement, en raison de la faiblesse de la réluctance du circuit magnétique, et de celle de la résistance ohmique primaire, l'hystérésis et les courants de Foucault n'ont que peu d'action pour le transformateur à circuit magnétique parfait.

CHAPITRE III

Fonctionnement du transformateur
à circuit magnétique avec fuites.

Manières différentes d'exprimer les flux de fuite. — Les lignes de force des champs magnétiques se ferment, les unes à travers le fer du circuit magnétique, les autres à travers l'air. Il en résulte qu'une partie seulement du flux inducteur créé par le courant primaire, passe au travers du circuit secondaire, et inversement une partie seulement du flux antagoniste produit par le courant secondaire passera au travers du circuit primaire. On peut interpréter ces faits de deux façons différentes, mais nous devons faire une remarque préliminaire.

Le flux de fuite d'un quelconque des enroulements est dû à l'action de la force magnétomotrice de cet enroulement sur le circuit de fuite ; celui-ci étant constitué par de l'air a une réluctance constante. Il en résulte que le flux de fuite est en phase avec l'intensité du courant dans l'enroulement considéré et que sa valeur est rigoureusement proportionnelle à cette intensité.

1° *Emploi des coefficients d'Hopkinson.* — Le courant dans l'enroulement primaire produit dans le circuit magnétique de réluctance $\mathcal{R}$ un flux Φ_1 qui passe à travers le secondaire. Ce flux est en phase avec l'intensité du courant primaire, sa valeur instantanée sera :

$$\Phi_{i,1} = \frac{4\pi n_1 i_1}{\mathcal{R}},$$

et sa valeur efficace :

$$\Phi_1 = \frac{4\pi n_1 I_1}{\mathcal{R}}.$$

Le flux de fuite du primaire se trouve donc en phase avec Φ_1, il en résulte que le flux total dû au courant primaire et traversant cet enroulement sera en phase avec I_1 et que si on suppose $\mathcal{R}$ invariable, on pourra écrire que la valeur instantanée de ce flux est $\nu_1\Phi_{i1}$, et sa valeur efficace $\nu_1\Phi_1$, ν_1 étant un coefficient d'Hopkinson relatif au primaire.

De même le courant secondaire donne lieu dans le primaire à un flux Φ_2 tel que :

$$\Phi_{i,2} = \frac{4\pi n_2 i_2}{\mathcal{R}},$$

et

$$\Phi_2 = \frac{4\pi n_2 I_2}{\mathcal{R}}.$$

Le flux dû au courant secondaire à travers cet enroulement aura pour valeur instantanée $\nu_2\Phi_{i2}$ et pour valeur efficace $\nu_2\Phi_2$, ν_2 étant un coefficient d'Hopkinson relatif au secondaire, ce flux est en phase avec l'intensité du courant secondaire.

Le flux total à travers le primaire sera la résultante des deux flux émis par le primaire et le secondaire à travers cet enroulement et aura pour valeur instantanée : $\nu_1\Phi_{i,1} + \Phi_{i,2}$, la force électromotrice qui en résultera sera $- n_1\nu_1\dfrac{d\Phi_{i,1}}{dt} - n_1\dfrac{d\Phi_2}{dt}$. De même le flux total dans le secondaire sera $\nu_2\Phi_{i,2} + \Phi_{i,1}$ et donnera lieu à la force électromotrice $- n_2\dfrac{d\Phi_{i,1}}{dt} - n_2\nu_2\dfrac{d\Phi_{i,2}}{dt}$. Les équations d'ohm appliquées à chacun des circuits seront donc :

$$u_1 = \mathrm{R}_1 i_1 + n_1\nu_1\frac{d\Phi_{i,1}}{dt} + n_1\frac{d\Phi_{i,2}}{dt}.$$

$$u_2 = - n_2\frac{d\Phi_{i,1}}{dt} - n_2\nu_2\frac{d\Phi_{i,2}}{dt} - \mathrm{R}_2 i_2.$$

2º *Emploi de coefficients de self-induction supplémentaires.* — On peut envisager au contraire la partie Φ_i des flux qui circule dans tout le circuit magnétique et qui sera la résultante des flux Φ_1 et Φ_2. Ce flux étant créé dans le circuit magnétique de réluctance $\mathcal{R}$, soumis aux forces magnétomotrices des enroulements primaires et secondaires, nous aurons :

$$\Phi_i = \frac{4\pi n_1 i_1 + 4\pi n_2 i_2}{\mathcal{R}}.$$

Le flux passant à travers l'enroulement primaire sera la résultante du flux Φ et du flux de fuite primaire, qui comme on l'a dit précédemment, est en phase avec l'intensité primaire et proportionnelle à celle-ci. Le flux total à travers les n_1 spires de l'enroulement primaire aura pour valeur instantanée : $n_1\Phi_i + \mathcal{L}'_1 i_1$ et pour valeur efficace $n_1\Phi + \mathcal{L}'_1 I_1$, $\mathcal{L}'_1$ étant une constante. $\mathcal{L}'_1 i_1$ étant un flux total produit par le passage du courant d'intensité i_1 dans l'enroulement primaire, $\mathcal{L}'_1$ est identique à un coefficient de self-induction et on l'appelle *coefficient de self-induction supplémentaire du primaire* ou *coefficient de self-induction de fuites du primaire.*

Le flux total à travers les n_2 spires du secondaire aura de même pour valeur instantanée $n_2\Phi_i + \mathcal{L}_2 i_2$ et pour valeur efficace $n_2\Phi + \mathcal{L}'_2 I_2$, $\mathcal{L}'_2$ étant une constante qui sera le *coefficient de self-induction supplémentaire* ou de *fuites du secondaire.*

Les équations d'ohm appliquées à chacun des enroulements seront alors :

$$u_1 = R_1 i_1 + n_1 \frac{d\Phi i}{dt} + \mathcal{L}'_1 \frac{di_1}{dt} ;$$

$$- u_2 = R_2 i_2 + n_2 \frac{d\Phi i}{dt} + \mathcal{L}'_2 \frac{di_2}{dt} .$$

Relations entre les notations précédentes. — Φ étant la résultante des flux Φ_1 et Φ_2 on aura entre les valeurs instantanées de ces flux la relation :

$$\Phi_i = \Phi_{i1} + \Phi_{i2}.$$

Le flux de fuite primaire est égal au flux induit par cet enroulement $\varphi_1\Phi_1$ diminué du flux Φ_1 qui passe à travers la secondaire. Le flux total de fuite à travers les n_1 spires de l'enroulement sera $n_1(\varphi_1 - 1)\Phi_1$, c'est lui que nous avons représenté par $\mathcal{L}'_1 I_1$, nous aurons donc :

$$\mathcal{L}'_1 I_1 = n_1 (\varphi_1 - 1) \Phi_1,$$

ou en tenant compte de la valeur de Φ_1 :

$$\mathcal{L}'_1 I_1 = n_1 (\varphi_1 - 1) \times \frac{4\pi n_1 I_1}{\mathcal{R}}$$

d'où :

$$\mathcal{L}'_1 = (\varphi_1 - 1) \times \frac{4\pi n_1^2}{\mathcal{R}}$$

Nous aurons de même :

$$\mathcal{L}'_2 = (\varphi_2 - 1) \times \frac{4\pi n_2^2}{\mathcal{R}}$$

Diagramme du transformateur en utilisant les coefficients d'Hopkinson. — Prenons comme origine des phases celle de l'intensité dans le secondaire, le décalage de celle-ci sur la différence de potentiel aux bornes de cet enroulement et la valeur de cette tension sont

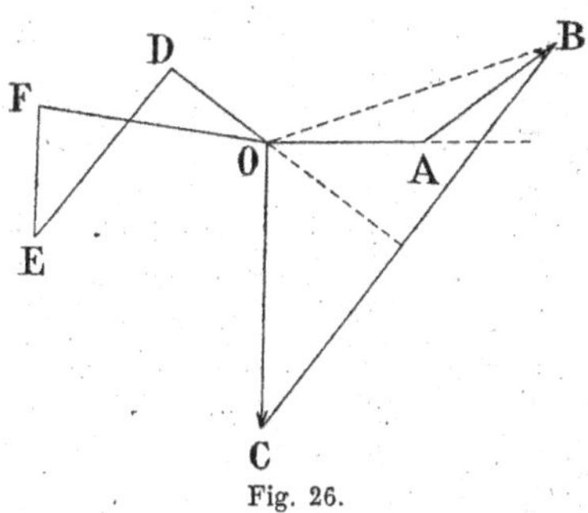
Fig. 26.

connues au moyen des constantes R et $\mathcal{L}$ du circuit extérieur. Soit donc $= R_2 I_2$, OA (fig. 26) et AB $= U_2$ faisant avec OA l'angle φ_2. Reportons nous à l'équation :

$$u_2 + R_2 i_2 = - n_2 \frac{d\Phi i_1}{dt} - n_2 \wp_2 \frac{d\Phi i2}{dt},$$

Le vecteur OB représente la résultante de ceux figurant les deux termes du second membre de cette équation. Les grandeurs de ces derniers seront $n_2\omega\Phi_1$ et $n_2\wp_2\omega\Phi_2$ ou en remplaçant Φ_1 et Φ_2 par leur valeur et posant $\lambda = \frac{4\,\pi\omega}{\mathcal{R}}$ ces valeurs seront $\lambda n_1 n_2 I_1$ et $\lambda\wp_2 n_2{}^2 I_2$. Le vecteur $- n_2\wp_2 \frac{d\Phi i_2}{dt}$ est décalé de $\frac{\pi}{2}$ en arrière de Φ_2 et par suite de I_2 en phase avec Φ_2, il sera donc représenté par OC $= \lambda\wp_2 n_2{}^2 I_2$, CB a donc pour valeur $\lambda n_1 n_2 I_1$ et est décalé de $\frac{\pi}{2}$ en arrière de I_1 puisqu'il représente $- n_2 \frac{d\Phi i_1}{dt}$, nous connaissons ainsi I_1. Construisons le diagramme représentatif de l'équation du primaire :

$$u_1 = R_1 I_1 + n_1\wp_1 \frac{d\phi i1}{dt} + n_1 \frac{d\Phi_2}{dt}.$$

Menons pour cela OD perpendiculaire à BC et égal à $R_1 I_1$, puis DE décalé de $\frac{\pi}{2}$ en avant de OD et égal à $k\wp_1 n_1{}^2 I_1$ et qui représentera le deuxième terme du second membre. Traçons EF représentatif de $n_1 \frac{d\Phi_2}{dt}$ en avance de $\frac{\pi}{2}$ sur OA et égal à $\lambda n_1 n_2 I_2$ et joignons OE ; ce dernier vecteur représentera U_1, si on connaît U_1 ou I_1 l'échelle du diagramme sera fixée. Nous n'insisterons pas sur ce diagramme.

Diagramme du transformateur en utilisant les coefficients de self-induction supplémentaires. — Il s'agit de résoudre graphiquement les trois équations :

$$u_1 = \mathrm{R}_1 i_1 + n_1 \frac{d\Phi_i}{dt} + \mathcal{L}'_1 \frac{di_1}{dt}.$$

$$- u_2 = \mathrm{R}_2 i_2 + {}_2 \frac{d\Phi_i}{dt} + \mathcal{L}'_2 \frac{di_2}{dt}$$

$$\frac{\mathcal{R}\Phi_i}{4\pi} = n_1 i_1 + n_2 i_2,$$

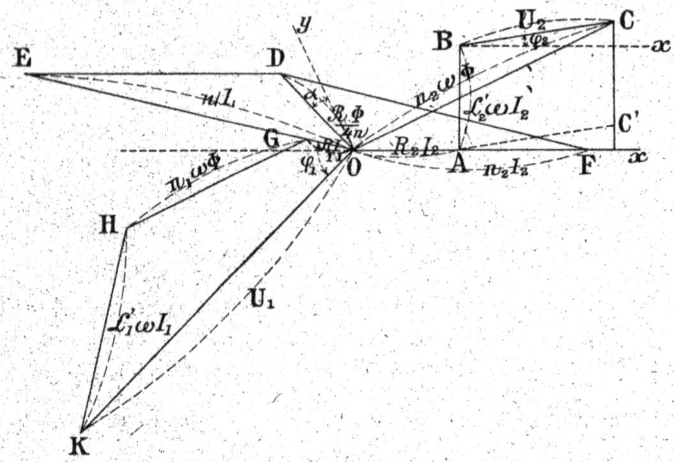

Fig. 27.

avec, d'autre part :

$$\mathrm{U}_2 = \mathrm{I}_2 \sqrt{\mathrm{R}^2 + \mathcal{L}^2 \omega^2}$$

$$\operatorname{tg} \varphi_2 = \frac{\mathcal{L}\omega}{\mathrm{R}}$$

R étant la résistance et $\mathcal{L}$ le coefficient de self-induction du circuit d'utilisation secondaire. Prenons comme origine des phases celle de I_2 et construisons successivement (fig. 27) : $\overline{\mathrm{OA}} = \mathrm{R}_2\mathrm{I}_2$, $\mathrm{AB} = \mathcal{L}'_2 \omega \mathrm{I}_2$ décalé de $\frac{\pi}{2}$ en avant de OA et représentant par suite

$\mathcal{L}'_2 \dfrac{di_2}{dt}$, puis $BC = U_2$ décalé de l'angle φ_2 en avant de I_2, $\overline{OC}$ représente en grandeur et en position d'après la deuxième équation $- n_2 \dfrac{d\Phi_i}{dt}$ d'où $\overline{OC} = n_2 \omega \Phi$, le flux sera donc représenté par un secteur dirigé suivant Oy en avance de $\dfrac{\pi}{2}$ sur OC. Les ampères-tours produisant ce flux sont eux-mêmes en avance de l'angle α (avance hystérétique) sur le flux, ils seront donc représentés par le vecteur $OD = \dfrac{\mathcal{R}\Phi}{4\pi}$. Si nous prenons $\overline{OF} = n_2 I_2$ et que nous construisions le parallélogramme OFDE, $\overline{OE}$ représentera en grandeur et en signe $n_1 I_1$. Prenons sur OE, $\overline{OG} = R_1 I_1$, menons GH perpendiculaire à Oy et égal à $n_1 \omega \Phi$ et enfin HK en avance de $\dfrac{\pi}{2}$ sur OE et égal à $\mathcal{L}'_1 \omega I_1$, ces vecteurs représentent les termes du second membre de la première équation et OK représentera par suite U_1 ce qui fixe l'échelle du diagramme. $\widehat{EOK} = \varphi_1$ est le décalage de I_1 sur U_1.

Influence des fuites sur le fonctionnement du transformateur. — Nous allons comme nous l'avons fait précédemment, supposer que $I_2 U_2$ et φ_2 restant constants et faire varier $\mathcal{L}'_2$ et $\mathcal{L}'_1$ (fig. 28). Nous admettrons toujours que $\mathcal{R}$ et α sont constants. Si $\mathcal{L}'_2$ varie à partir de zéro, le point C se déplace sur Mz perpendiculaire à Ox, ODC restant semblable à lui-même, D se déplace sur la droite DD′ faisant avec Mz l'angle $\dfrac{\pi}{2} + \alpha$ et par suite avec Ox l'angle α. Si $\mathcal{L}'_2$ croît, D se déplace vers la gauche de la figure, FD croît donc et se rapproche de OF. I_1 augmente donc ainsi que son avance sur I_2 lorsque $\mathcal{L}'_2$ prend des valeurs de plus en plus grandes. E décrit une parallèle à DD′ puisque DE est constant en grandeur et en direction et G se trouve sur une parallèle fixe GG′ à cette même direction puisque $\dfrac{OG}{OE}$ est constant. Menons Gβ parallèle à OD coupant Ox en β, OGβ et ODE sont semblables et on a :

$$\overline{O\beta} = \overline{DE} \times \frac{\overline{OG}}{\overline{OE}} = n_2 I_2 \times \frac{R_1}{n_1}$$

et :

$$\overline{\beta G} = \overline{OD} \times \frac{\overline{OG}}{\overline{OE}} = \frac{\mathcal{R}\Phi}{4\pi} \times \frac{R_1}{n_1}.$$

β est donc un point fixe, $\widehat{HG\beta}$ est constant et égal à $\frac{\pi}{2} + \alpha$, le
rapport $\frac{HG}{G\beta}$ est constant aussi, le triangle $HG\beta$ reste semblable à
lui-même et H se déplace sur une droite faisant avec GG′ un angle
égal à $\widehat{H\beta G}$. GH étant toujours très grand vis-à-vis de Gβ, Hβ est à
peu près parallèle à GH et l'angle $\widehat{H\beta G}$ diffère peu de $\frac{\pi}{2} - \alpha$. La
droite Hν lieu de H faisant un angle voisin de $\frac{\pi}{2} - \alpha$ avec DD′ sera

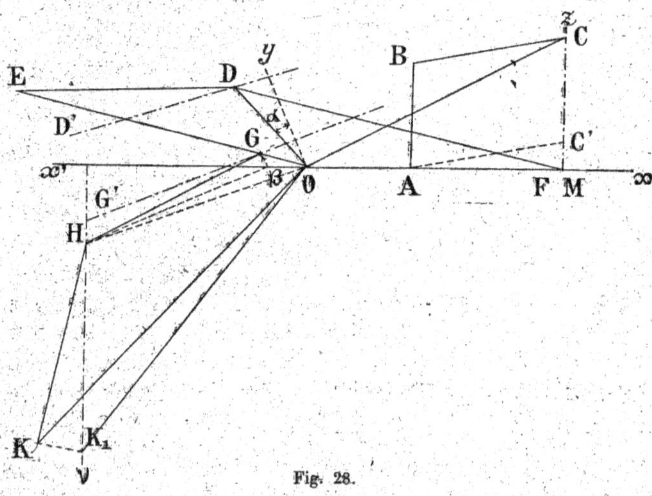

Fig. 28.

sensiblement perpendiculaire à Ox. En raison de ces valeurs relatives
des quantités, H est toujours au-dessous de O$x′$ et s'en écarte lorsque
$\mathscr{L}′_2$ croît, OH augmente donc avec ce coefficient HK étant perpendiculaire à OE, K se trouve toujours à gauche de Hν; OE étant
d'ailleurs très peu incliné sur O$x′$, HK et Hν diffèrent peu l'un de
l'autre et en prenant $HK_1 = HK$, OK_1 et OK se confondront presque,
la droite Hν étant éloignée du point O. Le point K_1 s'éloigne plus
rapidement de O$x′$ que le point H, puisque I_1 croît avec $\mathscr{L}′_2$, ces
deux variations s'ajoutent donc pour augmenter OK_1, c'est-à-dire
que si le transformateur est alimenté à tension constante l'échelle du

diagramme sera augmentée. L'accroissement de $\mathcal{L}'_2$ fait donc diminuer U_2, I_2 et I_1.

La droite OH dans les mêmes conditions de grandeurs relatives est parallèle à βH et GH c'est-à-dire normale à Oy, OH est donc à peu de chose près en opposition avec la force électromotrice secondaire. Lorsque $\mathcal{L}'_2$ varie, OH tourne du même angle que OD c'est-à-dire d'un angle plus grand que FD ou OE. $\widehat{\text{EOH}}$ croît donc avec $\mathcal{L}'_2$. HOy croissant aussi, il en est de même de φ_1.

Si maintenant, nous faisons varier $\mathcal{L}'_1$, le point K seul se déplacera sur la droite fixe HK. Le vecteur OK augmentera d'où diminution de U_2, I_2 et I_1, en même temps HOK et par suite φ_1 augmentera.

En résumé :

Les fuites secondaires dans un transformateur alimenté à potentiel constant font baisser la tension secondaire, diminuer l'intensité du courant secondaire, accroître le rapport de l'intensité primaire à celle du secondaire et le décalage de ces deux courants ainsi que celui de l'intensité primaire sur la tension d'alimentation.

Les fuites primaires diminuent la tension aux bornes du secondaire, l'intensité dans les circuits primaires et secondaires sans modifier leur rapport ni leur décalage, elles augmentent le décalage entre l'intensité dans le courant primaire et la tension aux bornes de cet enroulement.

Influence simultanée des divers éléments du transformateur. — Nous avons examiné successivement les influences de chacun des éléments caractéristiques du transformateur : résistances ohmiques des enroulements, induction magnétique dans le fer, coefficients de self-induction supplémentaires. Ces effets pour un transformateur alimenté à potentiel constant et travaillant sur un circuit donné sont résumés dans le tableau suivant en supposant que R_2, R_1, $\mathcal{B}$ et par suite α et $\mathcal{R}$, $\mathcal{L}'_1$, $\mathcal{L}'_2$ vont en croissant.

Ces résultats sont évidents *à priori* comme nous le verrons en traitant du rendement du transformateur. Nous voyons que tous ces éléments concourent pour diminuer U_2 et par suite le rapport de transformation $\dfrac{U_2}{U_1}$, le rapport $\dfrac{I_1}{I_2}$ varie en sens inverse.

Les effets sur le décalage entre I_1 et I_2 sont de sens contraire, ce décalage reste toujours très voisin de π, $\dfrac{\mathcal{R}\Phi}{4\pi}$ étant toujours faible

	R_2	R_1	Induction $\mathcal{B}$		$\mathcal{L}'_2$	$\mathcal{L}'_1$
			α	$\mathcal{R}$		
U_2	décroît	décroît	décroît	décroît	décroît	décroît
I_2	décroît	décroît	décroît	décroît	décroît	décroît
I_1	décroît	décroît	décroît	décroît	décroît	décroît
$\dfrac{I_1}{I_2}$	croît	invar.	croît	croît	croît	invar.
avance de I_1 sur I_2	décroît	invar.	croît	décroît	croît	invar.
φ_1	croît	décroît	décroît	croît	croît	croît

devant $n_2 I_2$ et $n_1 I_1$. Cette petitesse relative fait qu'on a très approximativement $\overline{FD} = \overline{FO}$ ou $n_2 I_2 = n_1 I_1$.

Les effets sur φ_1 sont aussi de sens contraire, l'effet total dépendra des valeurs relatives de R_1, R_2, α, $\mathcal{R}$, $\mathcal{L}'_1$, $\mathcal{L}'_2$.

Fonctionnement du transformateur. — Pour étudier ce fonctionnement, nous allons d'abord transformer le diagramme comme nous l'avons fait précédemment. Traçons donc $\overline{OA} = R_2 I_2$ (fig. 29), $\overline{AB} = U_2$ faisant avec OA l'angle φ_2 et $BC = \mathcal{L}'_2 \omega I_2$. Construisons successivement les triangles AOd semblable à FOD, Adh semblable à OGH et Ahk semblable à OHK, nous aurons :

$$\overline{Ad} = \frac{n_1}{n_2} R_2 I_1,$$

$$\overline{Od} = \frac{R_2}{n_2} \times \frac{\mathcal{R}\Phi}{4\pi},$$

$$\overline{dh} = \frac{n_1}{n_2} \cdot \frac{R_2}{R_1} \cdot n_1 \omega \Phi,$$

$$\overline{Ah} = \frac{n_1}{n_2} \cdot \frac{R_2}{R_1} \cdot OH.$$

$$\overline{hk} = \frac{n_1 R_2}{n_2 R_1} \mathcal{L}'_1 \omega I_1,$$

$$\overline{Ak} = \frac{n_1 R_2}{n_2 R_1} U_1$$

Menons par O une droite faisant avec OA l'angle $\widehat{\text{AO}q} = \widehat{\text{CO}h} =$

$$\frac{\pi}{2} + \alpha + \varphi_0',$$

φ_0 étant l'angle hOd dont nous avons déjà calculé la valeur dans le cas de l'hystérésis, et prenons dessus Oq tel que :

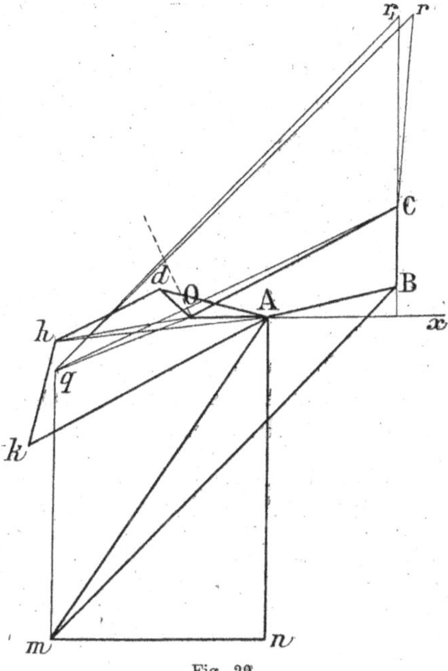

Fig. 29.

$$\frac{\overline{Oq}}{\text{OC}} = \frac{\overline{\text{OA}}}{\overline{\text{O}h}}$$

d'où

$$\overline{Oq} = \text{R}_2 \text{I}_2 \times \frac{\overline{\text{OC}}}{\overline{\text{O}h}}.$$

Les triangles Oqc et OAh seront semblables et nous aurons :

$$\overline{qc} = Ah \times \frac{\overline{OC}}{Oh}$$

Construisons maintenant qcr semblable à Ahk, nous aurons :

$$\overline{cr} = \overline{hk} \times \frac{\overline{Oc}}{Oh} = \mathcal{L}'_1 \omega I_1 \times \frac{n_1 R_2}{n_2 R_1} \times \frac{\overline{Oc}}{Oh}$$

et

$$\overline{qk} = \overline{Ak} \times \frac{Oc}{Oh} = U_1 \times \frac{n_1 R_2}{n_2 R_1} \times \frac{\overline{Oc}}{Oh}.$$

Le rapport $\dfrac{OC}{Oh}$ est constant, il a pour valeur, comme on l'a établi pour le cas du transformateur sans fuite :

$$\frac{4\pi n^2_2 \omega R_1}{R_2 \sqrt{\mathcal{R}^2 R_1^2 + 16\pi^2 n_1^4 \omega^2 + 8\pi R_1 \mathcal{R} n_1^2 \omega \sin \alpha}} = \frac{R_1}{R_2} \frac{4\pi n_2^2 \omega}{\Delta}$$

en désignant par Δ^2 la quantité sous le radical.

Dans la figure $OABCrq$, qr est constant, tous les côtés sauf Cr sont proportionnels à I_2 et font entre eux des angles déterminés. Cr pourrait à la rigueur se déduire de la construction du triangle Aod.

Dans les figures semblables $qOCr$ et $AOhk$, les angles que font entre eux les côtés homologues sont tous égaux à $\frac{\pi}{2} + \varphi_0 + \alpha$, hk étant perpendiculaire à Ad, Cr fait avec Ad l'angle $\alpha + \varphi_0$ et par suite avec Ox l'angle $\alpha + \varphi_0 + \widehat{dAO}$, $\alpha + \varphi_0$ est peu différent de $\frac{\pi}{2}$, $\widehat{dAO}$ est très petit donc Cr est sensiblement normal à OF, nous pouvons admettre approximativement que Cr est le prolongement Cr_1 de CB. D'autre part, dA diffère peu de OA et nous pouvons approximativement remplacer I_1 dans la valeur de Cr par $\frac{n_2 I_2}{n_1}$. On aura alors pour valeur de Cr_1 :

$$Cr_1 = \mathcal{L}'_1 \omega I_2 \times \frac{4\pi n^2_2 \omega}{\Delta}$$

La variation qui en résulte pour qr c'est-à-dire la différence $\overline{qr} - \overline{qr_1}$

sera négligeable étant donné que qr est lui-même très grand vis-à-vis de Cr_1, on aura donc :

$$\overline{qr_1} = \frac{4\pi n_1 n_2 \omega}{\Delta}\, U_1 = kU_1$$

Menons maintenant qm parallèle et égal à Br_1, soit :

$$qm = I_2 \times \left(\mathcal{L}'_2 + \mathcal{L}'_1 \frac{4\pi n^2_2 \omega}{\Delta} \right) \omega$$

et mB est égal et parallèle à qr_1.

mB fait avec OA un angle égal à $\dfrac{\pi}{2} - \widehat{qr_1c}$ ou avec l'approximation déjà employée à $\dfrac{\pi}{2} - \widehat{qrc} = \dfrac{\pi}{2} - \widehat{OKh} = \varphi_1$ c'est-à-dire au décalage de I_1 sur U_1.

Si nous construisons le triangle rectangle mnA dont le côté mn est parallèle à Ox nous aurons :

$$(1)' \quad mn = R_2 I_2 + \overline{qO} \sin (\alpha + \varphi_0) = \left[R_2 + R_1 \frac{4\pi n^2_2 \omega}{\Delta} \sin (\alpha + \varphi_0) \right] I_2 = R''_2 I_2$$

en supposant φ et $\mathcal{R}$ constant, et :

$$(1) \qquad \overline{An} = \overline{qO} \cos (\alpha + \varphi_0) + qm$$

$$= \left[\frac{4\pi n_2^2 \omega \mathcal{R} R_1^2}{\Delta^2} \cos \alpha + \left(\mathcal{L}'_2 + \mathcal{L}'_1 \times \frac{4\pi n^2_2 \omega}{\Delta} \right) \omega \right] I_3 = \mathcal{L}''_2 \omega I_2.$$

Nous retombons donc sur un diagramme de Kapp. En comparant les valeurs de R''_2 $\mathcal{L}''_2$ et k avec celles trouvées dans le cas du transformateur sans fuites, nous voyons que k et R''_2 n'ont pas varié. $\mathcal{L}''_2$ s'est accru des quantités relatives aux fuites. Notre approximation de construction revient à supposer que les fuites n'occasionnent qu'un appel de puissance magnétisante ne causant par suite aucune variation de la chute ohmique de tension $R''_2 I_2$.

Nous aurons comme précédemment :

$$mn = \left[R_2 + R_1 \left(k^2 + \frac{\mathcal{R} R_1 \sin \alpha \times 4\pi n_2^2 \omega}{\Delta^2} \right) \right] I_2$$

Ou bien en tenant compte de ce que $\varphi_0 + \alpha$ est voisin de $\frac{\pi}{2}$; et :

$$\left.\begin{aligned}
R''_2 &= R_2 + R_1 \times \frac{4\pi n^2{}_2 \omega}{\Delta} = R_2 + R_1 k \frac{n_2}{n_1}, \\
\mathcal{L}''_2 &= \mathcal{L}'_2 + \mathcal{L}'_1 \times \frac{4\pi n^2{}_2 \omega}{\Delta} = \mathcal{L}'_2 + \mathcal{L}'_1 . k \frac{n_2}{n_1}.
\end{aligned}\right\} \quad (2)$$

$\mathcal{L}''_2$ ne dépendant que de $\mathcal{L}'_1$ et $\mathcal{L}'_2$, son nom de coefficient de self-induction des fuites rapportées au secondaire se comprend.

Si on tient compte de la faiblesse du terme $\mathcal{R}R_1$ dans Δ on aura :

$$\left.\begin{aligned}
k &\simeq \frac{n_2}{n_1} \\
R''_2 &\simeq R_2 + R_1 k^2 \simeq R_2 + R_1 \frac{n_2{}^2}{n_1{}^2} \\
\mathcal{L}''_2 &\simeq \mathcal{L}'_2 + \mathcal{L}''_1 k^2 \simeq \mathcal{L}'_2 + \mathcal{L}'_1 \frac{n_2{}^2}{n_1{}^2}
\end{aligned}\right\} \quad (3)$$

ÉTUDE PRATIQUE DU DIAGRAMME DE KAPP

Hypothèses qui ont conduit au diagramme de Kapp. — Résumons les hypothèses que nous avons faites, nous avons d'abord admis que l'avance de I_1 sur I_2 était très voisine de π, que $\varphi_0 + \alpha$ différait peu de $\frac{\pi}{2}$ et que I_1 était à très peu près égal à $\frac{n_2 I_2}{n_1}$. Tout ceci suppose que $\mathrm{O}d$ est très petit vis-à-vis de OA et de hd, c'est-à-dire que $\frac{\mathcal{R}\Phi}{4\pi}$ qui représente les ampères-tours à vide est très petit devant $n_2 I_2$ et par suite devant $n_1 I_1$ ($n_1 I_1 > n_2 I_2$), et devant $\frac{n_1{}^2 \Phi \omega}{R_1}$ ou $\mathcal{R}R_1$ petit devant $4\pi n_1{}^2 \omega$. Dans toutes ces formules, les quantités sont exprimées en unités de même système c'est-à-dire puisque nous employons des flux et des réluctances en unités CGS, R_1 est donc la résistance en ohms du primaire multipliée par 10^9. Le produit $4\pi\omega$ est relativement faible 4.000 environ pour la fréquence 50, il faudra donc que $\mathcal{R}$ soit très petit pour que même avec une faible valeur ohmique de R_1, $\mathcal{R}R_1$ soit négligeable devant $4\pi n_1{}^2 \omega$. C'est à cette condition que nous pouvons arriver au triangle Amn et aux formules (1). Pour passer à (2) nous avons supposé que $\varphi_0 + \alpha$ est égal à $\frac{\pi}{2}$ nous avons donc supposé $\mathcal{R}$ encore plus faible. Quant à (3), nous l'avons obtenu en supposant $\mathcal{R}R_1 = O$ dans Δ, c'est-à-dire en appliquant la même hypothèse que pour tirer le système (2) de (1). Somme toute l'hypothèse fondamentale pour arriver à ce diagramme est que $\mathcal{R}$ est excessivement faible. Il ne s'appliquera donc pas aux transformateurs dont le circuit magnétique a une grande réluctance, soit par suite de mauvais joints, soit que le fer est trop saturé. En particulier, il ne s'appliquera pas aux transformateurs sans fer, ou à ceux à circuit magnétique ouvert.

Construction du diagramme de Kapp. — Nous sommes ainsi conduit dans tous les cas à la construction du diagramme de Kapp

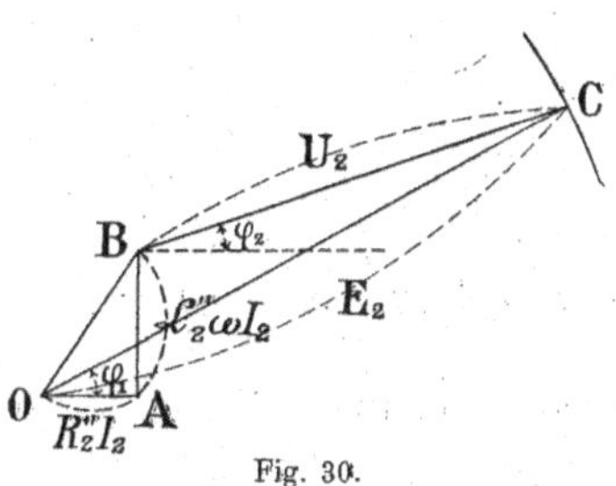

Fig. 30.

pour déterminer la tension aux bornes du secondaire lorsqu'il débite une intensité I_2 décalée de φ_2 sur cette tension. Sur $OA = R''_2I_2$ (fig. 30), nous construirons le triangle rectangle OAB semblable au triangle fondamental de côtés $\mathcal{R}''_2$ et $\mathcal{L}''_2\omega$, en menant $AB = \mathcal{L}''_2\omega I_2$, par B nous mènerons une droite BC faisant avec OA un angle égal à φ_2, cette droite coupe en C la circonférence de centre O et de rayon égal à la tension secondaire à vide $E_2 = kU_1$. BC sera égal à U_2.

L'angle $\widehat{COA}$ donne le décalage φ_1 de l'intensité primaire sur la différence de potentiel d'alimentation.

Rappelons brièvement les propriétés qui en résultent pour le fonctionnement du transformateur, et que nous avons examinées lors de l'étude du transformateur sans fuites.

Fonctionnement à intensité secondaire constant (fig. 31). — Le point B est fixe et en traçant de B comme centre, une circonférence de rayon égal à OC, nous aurons en CC′ la valeur de la chute de tension. Ces deux circonférences se coupent en D. Pour les décalages de U_2 en arrière de I_2, il y a surtension ($U_2 > E_2$) si ce décalage est en valeur absolue plus grand que $\widehat{xBD}$. Pour les autres valeurs de φ_2, il y a chute de tension croissante avec φ_2, jusqu'à ce que cet angle atteigne la valeur θ de l'angle BOA du triangle fondamental, au delà la chute de tension décroît. Le maximum de chute de tension est égal à $C_1 C'_1$ ou OB et a par suite pour valeur :

$$I_2 \sqrt{R''_2{}^2 + \mathcal{L}''_2{}^2 \omega^2} = Z''_2 I_2$$

Quant au décalage φ_1, il croît sans cesse de la valeur $\widehat{xoC_2}$ pour $\varphi_2 = -\frac{\pi}{2}$ jusqu'à $\widehat{C_3Ox}$ pour $\varphi_2 = +\frac{\pi}{2}$. Ce décalage est nul pour $\varphi_2 = -\widehat{XBC'_0}$. Nous retombons sur la propriété que nous avions trouvée pour le transformateur théorique, il faut que l'intensité dans le secondaire soit en avance sur la tension à ses bornes, pour que l'intensité et la différence de potentiel primaires soient en phase.

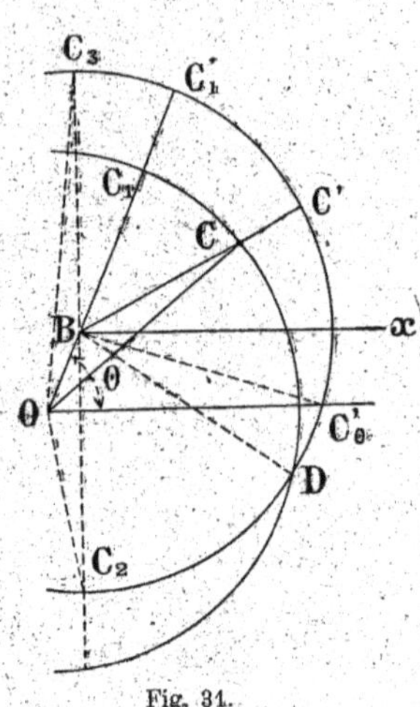

Fig. 31.

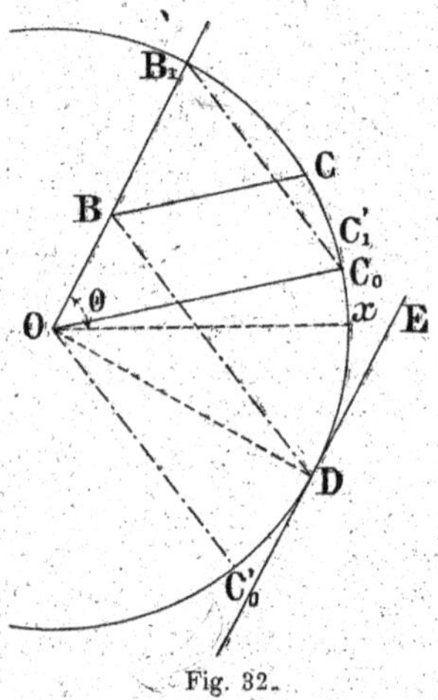

Fig. 32.

Fonctionnement à décalage constant (fig. 32). — B se déplace sur OB de O à B_1 et BC reste parallèle à elle-même. DE étant la tangente menée parallèlement à OB à la circonférence lieu de C, $\widehat{xOD} = \theta - \frac{\pi}{2}$. Pour tous les décalages plus grands que $\theta - \frac{\pi}{2}$, U_2 décroît depuis E_2 quand I_2 est nul (circuit ouvert) jusqu'à zéro pour $I_2 = \dfrac{E_2}{\sqrt{R''_2{}^2 + \mathcal{L}''_2{}^2 \omega^2}}$

(court-circuit). Pour $\varphi_2 < \theta - \frac{\pi}{2}$, U_2 commence par croître à partir de E_2 jusqu'à un maximum lorsque C vient en D, puis décroît jusqu'à un minimum pour $I_2 = \dfrac{E_2}{\sqrt{R''_2{}^2 + \mathscr{L}''_2{}^2\omega^2}}$, il n'y a pas alors de court-circuit au secondaire puisque le circuit extérieur alimenté par ce secondaire contient de la capacité. Suivant les valeurs relatives de φ_2 et de $\theta - \frac{\pi}{2}$, il pourra y avoir surtension pour toutes les intensités ou pour une partie seulement.

Quand à φ_1 il va toujours en augmentant avec I_2.

Influence des fuites sur les surtensions. — S'il n'y avait pas de fuites, OB et Ox se confondraient et il n'y aurait jamais surtension. Dans les transformateurs usuels qui ont des fuites l'angle θ n'est plus nul, il croît avec $\mathscr{L}''_2$ et par suite avec $\mathscr{L}'_1$ et $\mathscr{L}'_2$. Généralement $\mathscr{R}''_2$ est petit devant $\mathscr{L}''_2\omega$ et l'angle θ est assez grand, il suffit donc d'un faible décalage de I_2 en avant de U_2 pour qu'il y ait surtension. Les dangers de surtension croissent avec les fuites, il faut donc réduire celles-ci au minimum. Le décalage extérieur atteint rarement la valeur θ et la chute de tension diminue toujours pratiquement quand la charge augmente.

Équation différentielle que représente le diagramme de Kapp. — La construction de U_2 conduit à la figure polygonale OABC et nous indique que $OC = kU_1$ est la somme des vecteurs R''_2I_2, $\mathscr{L}''_2\omega\,I_2$, U_2. Le diagramme est donc celui qu'on emploierait pour résoudre l'équation :

$$ku_1 = u_2 + R''_2 i_2 + \mathscr{L}''_2 \frac{di_2}{dt}. \tag{1}$$

On est conduit directement à cet équation en supposant $\mathscr{R} = O$, et éliminant $\dfrac{d\Phi i}{dt}$ et i_1 entre les équations de fonctionnement :

$$u_1 = R_1 i_1 + n_1 \frac{d\Phi_i}{dt} + \mathscr{L}'_1 \frac{di_1}{dt}$$

$$- u_2 = R_2 i_2 + n_2 \frac{d\Phi_i}{dt} + \mathscr{L}'_2 \frac{di_2}{dt}$$

$$n_1 i_1 + n_2 i_2 = \frac{\mathscr{R}\Phi_i}{4\pi},$$

supposée réduite à :

$$n_1 i_2 + n_2 i_2 = 0$$

Eliminons d'abord $\frac{d\Phi_i}{dt}$ entre les deux premières, on a :

$$n_2 u_1 + n_1 u_2 = \mathrm{R}_1 n_2 i_1 - \mathrm{R}_2 n_1 i_2 + \mathcal{L}'_1 n_2 \frac{di_1}{dt} - \mathcal{L}'_2 n_1 \frac{di_2}{dt}. \qquad (1)$$

ou en remplaçant i_1 par $-\dfrac{n_2 i_2}{n_1}$:

$$n_2 u_1 + n_1 u_2 = -n_1 i_2 \left(\mathrm{R}_2 + \mathrm{R}_1 \frac{n_2^2}{n_2} \right) - n_1 \frac{di_1}{dt} \left(\mathcal{L}'_2 + \mathcal{L}'_1 \frac{n_2^2}{n_2^2} \right)$$

ou :

$$-\frac{n_2}{n_1} u_1 = u_2 + i_2 \left(\mathrm{R}_2 + \mathrm{R}_1 \frac{n_2^2}{n_1^2} \right) + \frac{di_2}{dt} \left(\mathcal{L}'_2 + \mathcal{L}'_1 \frac{n_2^2}{n_1^2} \right). \qquad (2)$$

C'est l'équation précédente où $k = -\dfrac{n_2}{n_1}$, le signe moins caractérisant l'opposition de U_1 et U_2, et R''_2 et $\mathcal{L}''_2$ ont les valeurs que nous leur avions attribuées finalement. Cette équation peut s'écrire :

$$e_2 = u_2 + \mathrm{R}''_2 i_2 + \mathcal{L}''_2 \frac{di_2}{dt} \qquad (3)$$

en posant

$$e_2 = -\frac{n_2}{n_1} u_1$$

En remplaçant i_2 par $-\dfrac{n_1 i_1}{n_2}$ dans (1) nous aurions obtenu :

$$u_1 = -\frac{n_1}{n_2} u_2 + \left(\mathrm{R}_1 + \mathrm{R}_2 \frac{n_1^2}{n_2^2} \right) i_1 + \left(\mathcal{L}_1' + \mathcal{L}_1' \frac{n_1^2}{n_2^2} \right) \frac{di_1}{dt}$$

ou :

$$u_1 = e_1 + \mathrm{R}''_1 i_1 + \mathcal{L}''_1 \frac{di_1}{dt} \qquad (4)$$

en posant :

$$e_1 = -\frac{n_1}{n_2} u_2$$

$$\mathcal{R}''_1 = \mathrm{R}_1 + \mathrm{R}_2 \frac{n_1^2}{n_2^2}$$

$$\mathcal{L}'' = \mathcal{L}'_1 + \mathcal{L}''_2 \frac{n_1^2}{n_2^2}$$

L'équation (3) nous montre que le transformateur agit sur le réseau qu'il alimente comme un alternateur ayant une résistance intérieure R''_2 et un coefficient de self-induction intérieure $\mathcal{L}''_2$ constants et produisant une f. e. m. E_2.

Sur le réseau qui l'alimente, il fonctionne comme un récepteur de résistance R''_1 et de self $\mathcal{L}''_1$ constantes et de force contre-électromotrice e_1 induction de fuites.

On appelle souvent R''_2, $\mathcal{L}''_2$, $Z''_2 = \sqrt{R''_2{}^2 + \mathcal{L}''^2\omega^2}$, résistance, self-induction de fuites et impédance réduites au secondaire ; $\mathcal{R}''_1, \mathcal{L}''_1, Z''_1 = \sqrt{R''_1{}^2 + \mathcal{L}''_1{}^2\omega^2}$ sont la résistance, la self-induction de fuites et l'impédance réduites au primaire. Remarquons que :

$$n_2{}^2 R''_1 = n_1{}^2 R''_2$$

$$n_2{}^2 \mathcal{L}''_1 = n_1{}^2 \mathcal{L}''_2$$

$$n_2{}^2 Z''_1 = n_1{}^2 Z''_2$$

L'équation (4) permettrait d'étudier le fonctionnement du transformateur dans le cas où u_2 devrait être maintenu constant, ou à intensité primaire constante (dans ce cas il en serait de même de l'intensité secondaire) ; le diagramme aurait un triangle fondamental de côtés R''_1, $\mathcal{L}''_1$, Z''_1 semblable à celui du diagramme de l'équation (3).

Détermination du triangle fondamental. — Considérons le diagramme de Kapp (fig. 33) et projetons-le sur les deux axes Ox et Oy, nous aurons :

$$\overline{AC}\cos\widehat{COx} = \overline{OA} + \overline{BC}\cos\widehat{CBx^1},$$

$$\overline{AC}\sin\widehat{COx} = \overline{AB} + \overline{BC}\sin CBx^1.$$

Remplaçons les quantités par leurs valeurs, il vient :

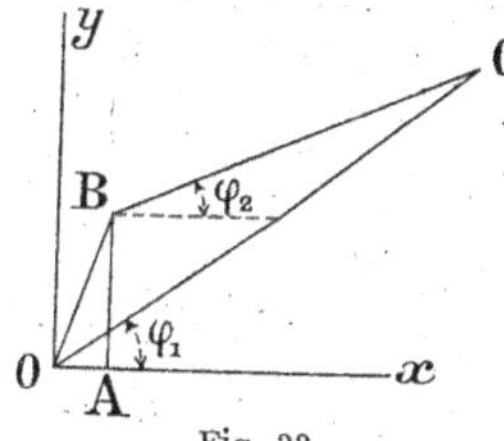

Fig. 33.

$$\frac{n_2}{n_1}U_1\cos\varphi_1 = R''_2 I_2 + U_2\cos\varphi_2$$

$$\frac{n_2}{n_1}U_1\sin\varphi_1 = \mathcal{L}''_2\omega I_2 + U_2\sin\varphi_2.$$

Multiplions les deux membres de ces équations par I_2 et tenons compte de ce que $\frac{n_2 I_2}{n_1} = I_1$, nous aurons :

$$U_1 I_1 \cos\varphi_1 = R''_2 I^2_2 + U_2 I_2 \cos\varphi_2 \qquad (1)$$

$$U_1 I_1 \sin\varphi_1 = \mathcal{L}''_2\omega I^2_2 + U_2 I_2 \sin\varphi_2$$

$U_1 I_1 \cos \varphi_1$ est la puissance réelle W_1 fournie par le réseau primaire, $U_2 I_2 \cos \varphi_2$ est celle W_2 consommée par le réseau d'utilisation secondaire, $R''_2 I_2{}^2$ représente donc, mise sous forme de chaleur joule, toute la puissance absorbée par le transformateur : chaleur joule des enroulements, pertes par hystérésis et courants de Foucault.

De même $\mathscr{L}''_2 \omega I_2{}^2$ est la puissance magnétisante totale absorbée par le transformateur.

En court-circuit $I_2 = I_{cc}$:

$$W_1 = U_1 I_1 \cos \varphi_1 = R''_2 I_{cc}{}^2{}_1$$

le diagramme se réduit alors au triangle OAB et nous avons :

$$OB = kU_1 = Z''_2 I_{cc}$$

Dans l'essai en court-circuit (voir fascicule 48, essais des machines à courant alternatif), on mesure pour différentes valeurs de I_{cc} celles de U_1 et de la puissance primaire dépensée. Si on trace la courbe $U_1 = f(I_{cc})$ de la caractéristique à vide, on devra trouver une droite passant par l'origine, W_1 devra être proportionnel à I^2_{cc}, on pourra alors appliquer le diagramme de Kapp dans toute la région où il en est ainsi :

On déduira de l'expérience soit la valeur de R''_2, pour chaque valeur de I_{cc}, soit une valeur moyenne pour la région d'application, k aura été mesuré dans l'essai à vide, on pourra, au moyen de l'ampèremètre placé dans le circuit primaire, vérifier que $I_1 = kI_{cc}$. R''_2 et I_{cc} étant connus ainsi que k et U_1, on peut construire le triangle fondamental. On déduira de celui-ci, soit par mesure directe, soit par le calcul la réactance $\mathscr{L}''_2 \omega$. En mesurant les résistances ohmiques des enroulements on pourra vérifier que :

$$R''_2 = R_2 + R_1 k^2,$$

cette vérification n'est qu'approximative R''_2, R_2, R_1 sont de petites quantités qu'on mesure par des procédés différents, les erreurs de mesure peuvent donc masquer la différence entre R''_2 et sa valeur théorique.

Remarquons que θ représente le décalage interne c'est-à-dire de I_2 sur la chute de tension $Z''_2 I_2$. En court-circuit, il est égal au décalage de I_2 sur la f. e. m. et il est alors sensiblement égal au décalage du courant primaire sur la tension d'alimentation.

Simplification du diagramme. — Le diagramme de Kapp est difficile à construire pratiquement parce que les côtés du triangle fondamental sont toujours très petits par rapport à U_2 et à $E_1 = \frac{n_2}{n_1} U_1$, on peut le simplifier de la façon suivante. Construisons le triangle OCB directement (fig. 34) en menant CB horizontal et égal à U_2 puis $BO = Z''_2 I_2$ faisant avec CB prolongé l'angle $\theta - \varphi_2$, rabattons CO suivant CD, BD sera égal à la chute de tension.

Pour un transformateur alimenté à potentiel constant, la circonférence OD est de rayon constant, on peut donc construire un gabarit ayant un côté rectiligne Bx et l'autre taillé suivant la circonférence. Ayant tracé By faisant avec Bx l'angle θ, (fig. 35) on mène BO faisant

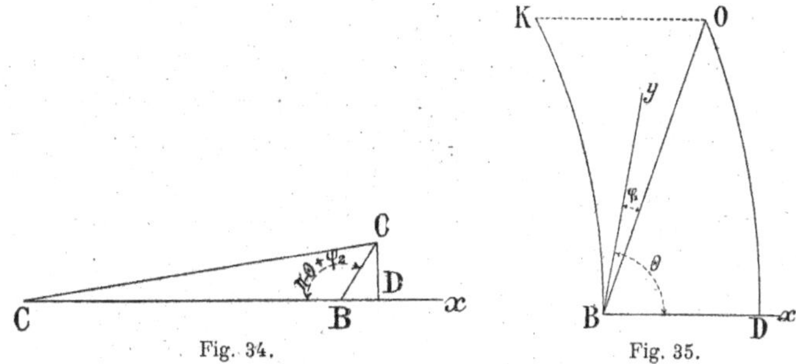

Fig. 34.

Fig. 35.

avec By l'angle φ_2 et on prend $BO = Z''_2 I_2$, à l'aide du gabarit on trace OD d'où BD. On peut aussi tracer une fois pour toutes la circonférence BK ayant E_2 pour rayon et son centre sur Bx, en menant OK parallèle à Bx on a $\overline{OK} = \overline{BD} = E_2 - U_2$. On retrouve ici la construction donnée dans le fascicule 48.

Abaque de M. Blondel. — Au lieu de nous servir d'un gabarit pour tracer OD, nous pouvons construire un réseau de circonférences ayant pour rayon E_2 et pour centres des points équidistants, graduons-les en chute de tension. Il nous suffira (fig. 36) de tracer BO et nous lirons immédiatement par interpolation la chute de tension. Pour placer BO faisant avec Bx l'angle $\theta - \varphi_2$, nous mènerons par B des droites Bz faisant avec BD des angles φ_2 correspondant à des valeurs connues de son cosinus. Traçons sur une feuille de papier transparent un angle Z'B'y' égal à θ, et graduons B'z' en ampères, une intensité quelconque I_2 étant représentée par une longueur B'O' = $Z''_2 I_2$. Appliquons B' sur B et faisons coïncider B'y' avec la droite correspondant au décalage φ_2, en lisant sur l'échelle B'z' le nombre d'ampères I_2, nous aurons la chute de tension au moyen du cercle passant par O ou en interpolant par rapport à ceux qui l'encadrent.

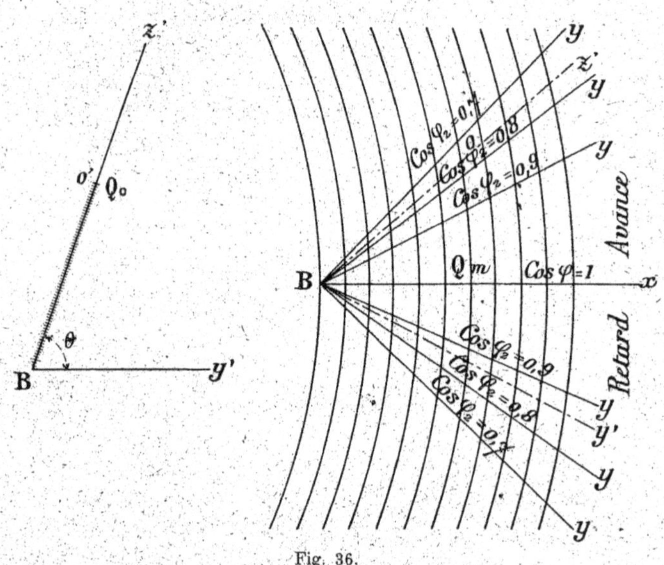

Fig. 36.

Remarquons que $Z''_2 I_2$ est une différence de potentiel, prenons comme unité de longueur celle qui représente E_2, les distances des centres des cercles seront $\dfrac{E_2 - U_2}{E_2}$ c'est-à-dire la chute relative de tension que nous pouvons évaluer en pour cent. La graduation des droites By et des cercles étant en nombre leur réseau reste le même pour tous les transformateurs ; on le tracera donc une fois pour toutes. Pour adapter l'abaque mobile formé par y'B'z' il faudra porter sur B'z' pour représenter I_2 la quantité $\dfrac{Z''_2 I_2}{E_2}$ c'est-à-dire la chute de tension relative due à l'impédance Z''_2. L'abaque mobile varie donc avec chaque transformateur, l'essai en court-circuit permet de le déterminer. Cet essai, comme nous l'avons vu, donne θ, de plus on a alors :

$$\frac{Z''_2 I_{cc}}{E_2} = \frac{k U_{cc}}{k U_{2}} = \frac{U_{cc}}{U_{2}},$$

On connaît donc pour une valeur de $I_2 = I_{cc}$ la quantité $\dfrac{Z''_2 I_2}{E_2}$ on la tracera en $B'Q_0$ sur $B'z'$ ayant la même longueur que BQ_m qui représente sur Bx le même nombre pour cent et on graduera Bz' en tenant compte que $B'Q_0$ représente $I_2 = I_{cc}$.

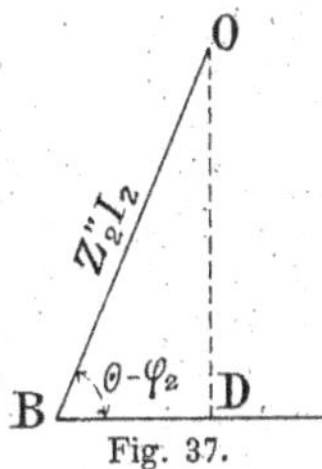

Fig. 37.

Cet abaque qui permet de déterminer toutes les chutes de tension pour cent après un simple essai en court-circuit est dû à M. Blondel (Lumière électrique, tome IX, 2e série) qui l'établit directement sans passer par le diagramme de Kapp.

Valeur approchée de la chute de tension. — E_2 étant toujours grand devant $Z''_2 I_2$, OD diffère peu d'une droite perpendiculaire à Bx, en admettant (fig. 37) qu'il en soit ainsi, on a :

$$E_2 - U_2 = BD = BO \cos (\theta - \varphi_2) = Z''_2 I_2 \cos \theta \cos \varphi_2 + Z''_2 I_2 \sin \theta \sin \varphi_2$$

ou :

$$E_2 - U_2 = R''_2 I_2 \cos \varphi_2 + \mathcal{L}''_2 \omega I_2 \sin \varphi_2.$$

Avantages du diagramme de Kapp. — Le but du diagramme de Kapp est la prédétermination de la chute de tension et par suite l'établissement des caractéristiques en charge. Il est impossible en effet de construire expérimentalement celles-ci à cause des hautes tensions dans l'enroulement fil fin et parce qu'on n'a pas toujours dans un laboratoire toute la puissance nécessaire. Au contraire la caractéristique en court-circuit ne nécessite que des mesures sous faible tension et avec de petites puissances, elle présente même souvent des difficultés en raison de cette faiblesse des puissances mises en jeu et de la petitesse relative des quantités R''_2, $\mathcal{L}''_2 \omega$ à déterminer.

Rappelons que ce diagramme n'est applicable que si la réluctance du circuit magnétique est très faible et que l'essai en court-circuit permet de vérifier à peu près jusqu'à quel point on peut s'en servir.

Résumé des conditions de fonctionnement du transformateur. — En pratique dans un transformateur alimenté à tension constante, la tension efficace aux bornes du secondaire diminue quand l'intensité ou le décalage dans le circuit extérieur augmentent. Cette chute de tension est d'autant plus forte que les résistances ohmiques d'enroulements, l'induction dans le fer et les fuites sont plus grandes.

Le décalage de l'intensité du courant primaire sur la tension d'alimentation croît en même temps que l'intensité et le décalage dans le circuit secondaire extérieur.

Pratiquement les intensités des courants primaires et secondaires sont en opposition et leur rapport est constant.

On peut aussi regarder le flux dans le circuit magnétique comme étant pratiquement constant, dans le quadrilatère OGHX du diagramme de fonctionnement (fig. 27) les côtés $OG = R_1 i_1$ et $HX = \mathcal{L}_1 \omega I_1$ sont très petits vis-à-vis des deux autres et on a approximativement $OX = GH$ ou :

$$U_1 = - n_1 \omega \Phi_1 .$$

De ce qui précède, il résulte qu'un bon transformateur doit avoir un très bon circuit magnétique présentant peu de fuites et qu'on devra n'y employer que de faibles inductions. Les résistances ohmiques des deux enroulements devront être aussi faibles que possible.

Remarque sur le transformateur fonctionnant en court-circuit. — Quand le transformateur fonctionne avec le secondaire court-circuité U_2 est nul, si nous traçons le diagramme

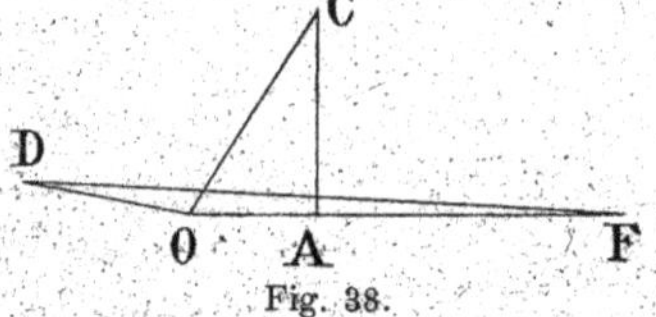

Fig. 38.

dans ce cas (fig. 38) nous mènerons $OA = R_2 I_2$ et perpendiculairement $AC = \mathcal{L}'_2 \omega I_2$, OC sera égal à $n_2 \omega \Phi$, on a donc :

$$\Phi = \frac{I_2 \sqrt{R^2_2 + \mathcal{L}'^2_2 \omega^2}}{n_2 \omega}$$

Menons OD faisant avec OC l'angle $\frac{\pi}{2} + \alpha$ et ayant pour longueur :

$$OD = \frac{\mathcal{R}\Phi}{4\pi} = \frac{\mathcal{R}I_2 \sqrt{R^2_2 + \mathcal{L}'^2_2 \omega^2}}{4\pi n_2 \omega} \cdot$$

prenons $OF = n_2 I_2$ et joignons FD, cette droite représente $n_1 I_1$ en grandeur et en direction. L'angle $\widehat{COA}$ défini par tang. $\widehat{COA} = \dfrac{\mathcal{L'}_2 \omega}{R_2}$ est constant, si $\mathcal{R}$ et Φ peuvent être considérés comme invariables, il suffit pour cela que l'induction soit faible. L'angle $\widehat{AOD}$ sera constant ainsi que le rapport de ses deux côtés OD et OA, le triangle AOD reste semblable à lui-même et le rapport $\dfrac{n_1 I_1}{n_2 I_2}$ est constant, il en est donc ainsi pour le rapport $\dfrac{I_1}{I_2}$. Cette propriété est mise à profit pour les transformateurs d'intensité employés pour les mesures d'intensité ou de puissance, ou pour commander des appareils de sécurité sur les circuits à haute tension. Le primaire ne comporte que quelques tours de fil. Pour éviter d'introduire des décalages dans les circuits d'utilisation, on réduit les fuites au minimum.

Cas où le circuit secondaire a une très grande résistance. — Dans ce cas (fig. 27), $R_2 I_2$ et $\mathcal{L'}_2 \omega I_2$ sont négligeables devant U_2, BC et OC se confondent, on a donc approximativement :

$$U_2 = n_2 \omega \Phi$$

Nous avons vu qu'on avait de même approximativement :

$$U_1 = n_1 \omega \Phi.$$

On en déduit que :

$$\frac{U_2}{U_1} = \frac{n_2}{n_1}$$

cette égalité sera d'autant plus approchée que les résistances ohmiques et les fuites seront plus faibles. Le cas examiné est celui des transformateurs de tension employés pour les mesures de tension et de puissance sur les circuits à haute tension.

EMPLOI DES COEFFICIENTS D'INDUCTION DANS LA THÉORIE DES TRANSFORMATEURS

Coefficients d'induction à considérer dans un transformateur. — Quand on parle des coefficients d'induction d'un transformateur, il y a toujours lieu de bien préciser celui dont il s'agit ; on distingue en effet :

1° *Le coefficient de self-induction du circuit primaire* $\mathcal{L}_1$ défini par le flux total qui traverse ses n spires lorsqu'on fait passer un courant de 10 A dans celles-ci le secondaire étant ouvert ;

2° *Le coefficient de self-induction du secondaire* $\mathcal{L}_2$ défini par le flux total qui traverse ses n spires lorsqu'on fait passer dans celles-ci un courant de 10 A, le circuit primaire étant ouvert ;

3° *Le coefficient d'induction mutuelle des deux circuits* $\mathcal{M}$ défini par le flux total qui traverse toutes les spires d'un des circuits, celui-ci étant ouvert et l'autre parcouru par un courant de 10 A ;

4° *Le coefficient de self-induction de fuites du primaire* $\mathcal{L}'_1$ défini précédemment ;

5° *Le coefficient de self-induction de fuites du secondaire* $\mathcal{L}'_2$;

6° *Le coefficient de self-induction de fuites rapportées au primaire* $\mathcal{L}''_1$ défini précédemment ;

7° *Le coefficient de self-induction de fuites rapportées au secondaire* $\mathcal{L}''_2$.

Relations entre les diverses notations. — Φ_{i1} et Φ_{i2} étant les flux créés par chacun des circuits à travers l'autre, on a par définition même :

$$\mathcal{M} = \frac{\Phi_{i1}}{i_1} = \frac{\Phi_{i2}}{i_2} = \frac{4\pi n_1 n_2}{\mathcal{R}}$$

et :

$$\mathcal{L}_1 = \frac{\varphi_1 \Phi_{i1}}{i_1} = \varphi_1 \times \frac{4\pi n_1^2}{\mathcal{R}}$$

$$\mathcal{L}_2 = \frac{\varphi_2 \Phi_{i2}}{i_2} = \varphi_2 \times \frac{4\pi n_2^2}{\mathcal{R}}$$

D'où la relation connue :

$$\frac{\mathcal{L}_1 \mathcal{L}_2 - \mathcal{M}^2}{\mathcal{L}_1 \mathcal{L}_2} = \frac{\varphi_1 \varphi_2 - 1}{\varphi_1 \varphi_2} = 1 - \frac{1}{\varphi_1 \varphi_2} = \sigma$$

σ étant le *coefficient de dispersion* du transformateur.

Nous avons établi précédemment les relations :

$$\mathcal{L}'_1 = (\varrho_1 - 1) \times \frac{4\pi n_1{}^2}{\mathcal{R}},$$

$$\mathcal{L}'_2 = (\varrho_2 - 1) \times \frac{4\pi n_2{}^2}{\mathcal{R}};$$

d'où

$$\mathcal{L}'_1 = \left(1 - \frac{1}{\varrho_1}\right)\mathcal{L}_1,$$

$$\mathcal{L}'_2 = \left(1 - \frac{1}{\varrho_2}\right)\mathcal{L}_2.$$

On en déduit :

$$\left(\mathcal{L}_1 - \mathcal{L}'_1\right)\left(\mathcal{L}_2 - \mathcal{L}_2\right)\mathcal{L}_1\mathcal{L}_2 \times \frac{1}{\varrho_1\varrho_2} = \mathcal{M}^2$$

On a en outre :

$$\mathcal{L}'_1 = \mathcal{L}_1 - \frac{n_1}{n_2}\mathcal{M}, \quad \mathcal{L}_2 = \mathcal{L}'_2 - \frac{n_2}{n_2}\mathcal{M},$$

On en déduit :

$$\sigma = 1 - \frac{(\mathcal{L}_1 - \mathcal{L}'_1)(\mathcal{L}_2 - \mathcal{L}'_2)}{\mathcal{L}_1\mathcal{L}_2} = \frac{\mathcal{L}'_1}{\mathcal{L}_1} + \frac{\mathcal{L}'_2}{\mathcal{L}_2} - \frac{\mathcal{L}'_2\,\mathcal{L}'_1}{\mathcal{L}_1\mathcal{L}_2},$$

comme on a ϱ_1 et ϱ_2 étant peu **différents** de 1 :

$$\frac{\mathcal{L}_1}{\mathcal{L}_2} \simeq \frac{n^2{}_1}{n_1{}^2}$$

on obtient en négligeant $\dfrac{\mathcal{L}'_1\,\mathcal{L}'_2}{\mathcal{L}_1\mathcal{L}_2}$:

$$\sigma \simeq \frac{\mathcal{L}'}{\mathcal{L}_1} + \frac{\mathcal{L}'_2}{\mathcal{L}_1} \times \frac{n_1{}^2}{n_2{}^2} = \frac{\mathcal{L}''_1}{\mathcal{L}_1}$$

$$\mathcal{L}''_1 = \mathcal{L}_1\sigma$$

On aurait de même :

$$\mathcal{L}''_2 = \mathcal{L}_2\sigma$$

Constance des çoefficients d'induction. — Nous avons vu précédemment que dans les transformateurs usuels, on pouvait considérer la réluctance du circuit et les fuites magnétiques comme constantes, il en sera donc de même des coefficients d'induction.

Fonctionnement du transformateur. — En appliquant la loi fondamentale des courants alternatifs à chacun des circuits primaire et secondaire nous aurons :

$$u_1 = R_1 i_1 + \mathcal{L}_1 \frac{di_1}{dt} + \mathfrak{M} \frac{di_2}{dt} \qquad (1)$$

$$- u_2 = R_2 i_2 + \mathcal{L}_2 \frac{di_2}{dt} + \mathfrak{M} \frac{di_1}{dt} \qquad (2)$$

Le circuit extérieur branché sur le secondaire nous donne :

$$u_2 = R i_2 + \mathcal{L} \frac{di_2}{dt} \qquad (3)$$

en mettant en évidence sa self-induction $\mathcal{L}$ qui, comme nous l'avons dit précédemment, peut être positive ou négative. Nous pouvons remplacer les deux dernières équations par la suivante :

$$o = (R + R_2) i_2 + (\mathcal{L} + \mathcal{L}_2) \frac{di_2}{dt} + \mathfrak{M} \frac{di_1}{dt} \qquad (4)$$

que nous écrirons :

$$- \mathfrak{M} \frac{di_1}{dt} = (R + R_2) i_2 + (\mathcal{L} + \mathcal{L}_2) \frac{di_2}{dt} \qquad (5)$$

C'est l'équation fondamentale d'un circuit de résistance $R + R_2$ et de self-induction $\mathcal{L} + \mathcal{L}_2$, soumis à l'action d'une f. e. m $- \mathfrak{M} \frac{di_1}{dt}$, nous la résoudrons donc facilement. Posons :

$$u_1 = U_{1m} \sin \omega t,$$

$$i_1 = I_{1m} \sin (\omega t - \varphi_1).$$

Soit μ le décalage de i_1 sur $- \mathfrak{M} \frac{di_1}{dt}$, nous aurons :

$$\operatorname{tg} \mu = \frac{(\mathcal{L} + \mathcal{L}_2) \omega}{R + R_2}.$$

L'amplitude de i_2 sera reliée à celle de i_1 par l'équation :

$$I_{2m} = \frac{\mathfrak{M} \omega I_m}{\sqrt{(R + R_2)^2 + (\mathcal{L} + \mathcal{L}_2) \omega^2_2}}$$

Comme $-\mathfrak{M}\dfrac{di_1}{dt}$ est décalé de $\dfrac{\pi}{2}$ en arrière de i_1, i_2 le sera de $\dfrac{\pi}{2} + \varphi_1 + \mu$ sur u_1 et on aura :

$$i_2 = I_{2m}\sin\left(\omega t - \varphi_1 - \mu - \frac{\pi}{2}\right) = -\,I_{2m}\cos\left(\omega t - \varphi_1 - \mu\right),$$

ou :

$$i_2 = \frac{-\mathfrak{M}\omega}{\sqrt{(R + R_2)^2 + (\mathcal{L} + \mathcal{L}_2)^2\omega^2}}\left[I_{1m}\cos\left(\omega t - \varphi_1\right)\cos\mu + I_{1m}\sin\left(\omega t - \varphi_1\right)\sin\mu\right].$$

On en déduit :

$$\frac{di_2}{dt} = \frac{-\mathfrak{M}\omega}{\sqrt{(R + R_2)^2 + (\mathcal{L} + \mathcal{L}_2)^2\omega^2}}\left[-\omega I_{1m}\sin\left(\omega t - \varphi_1\right)\cos\mu + \omega I_{1m}\cos\left(\omega t - \varphi_1\right)\sin\mu\right]$$

soit :

$$\frac{di_2}{dt} = \frac{-\mathfrak{M}\omega}{\sqrt{(R + R_2)^2 + (\mathcal{L} + \mathcal{L}_2)^2}}\left[-\omega i_1\cos\mu + \frac{di_1}{dt}\sin\mu\right]$$

Portons dans (1), il vient :

$$u_1 = \left[R_1 + \frac{\mathfrak{M}^2\omega^2\cos\mu}{\sqrt{(R + R_2)^2 + (\mathcal{L} + \mathcal{L}_2)^2\omega^2}}\right]i_1 + \left[\mathcal{L}_1 - \frac{\mathfrak{M}^2\omega\sin\mu}{\sqrt{(R + R_2)^2 + (\mathcal{L} + \mathcal{L}_2)^2\omega_2}}\right]\frac{di_1}{dt},$$

ou en remplaçant $\sin\mu$ et $\cos\mu$ par leurs valeurs :

$$u_1 = \frac{R_1\,(R + R_2)^2 + [(\mathcal{L} + \mathcal{L}_2)^2 R_1 + (R + R_2)\mathfrak{M}^2]^2\omega^2}{(R + R_2)^2 + (\mathcal{L} + \mathcal{L}_2)^2\omega^2}\,i_1$$

$$+\,\frac{\mathcal{L}_1\,(R + R_2)^2 + (\mathcal{L} + \mathcal{L}_2[\mathcal{L}_1\,(\mathcal{L}_1 + \mathcal{L}_2) - \mathfrak{M}^2]^2\omega^2}{(R + R_2)^2 + (\mathcal{L} + \mathcal{L}_2)^2\omega^2}\times\frac{di_1}{dt}$$

Equation qui nous donne :

$$I_{1m} = \frac{U_{1m}\sqrt{(R + R_2)^2 + (\mathcal{L} + \mathcal{L}_2)^2\omega^2}}{\sqrt{(R_1^2 + \mathcal{L}_1^2\omega^2)[(R + R_2)^2 + (\mathcal{L} + \mathcal{L}_2)^2\omega^2] + \mathfrak{M}^2\omega^2[2(R + R_2)^2 R_1 - 2(\mathcal{L} + \mathcal{L}_2)^2\mathcal{L}_1\omega^2] + \mathfrak{M}^4\omega^4}}$$

et :

$$\operatorname{tg}\varphi_1 = \frac{\mathcal{L}_1[(R + R_2)^2 + (\mathcal{L} + \mathcal{L}_2)^2\omega^2] - \mathfrak{M}^2\,(\mathcal{L} + \mathcal{L}_2)\omega^2}{R_1[(R + R_2)^2 + (\mathcal{L} + \mathcal{L}_2)^2\omega^2] - \mathfrak{M}^2\,(R + R_2)\omega^2}\,\omega$$

En désignant par D^2 la quantité qui figure sous le radical du dénominateur de I_{1m}, nous aurons en passant aux valeurs efficaces :

$$I_1 = \frac{U_1}{D}\sqrt{(R + R_2)^2 + (\mathcal{L} + \mathcal{L}_2)^2\omega^2}$$

$$I_2 = \frac{\mathcal{M}\omega U_1}{D}$$

$$U_2 = I_2 \sqrt{R^2 + \mathcal{L}^2\omega^2} = \frac{\mathcal{M}\omega U_1}{U} \sqrt{R^2 + \mathcal{L}^2\omega^2}.$$

Pour avoir les valeurs correspondant à la marche à vide, il nous suffit de faire dans ces équations R infini et $\mathcal{L}$ égal à zéro, U_2 prend alors la valeur E_2 que nous obtenons en divisant haut et bas par R dans les expressions qui donnent U_2 et I_1 et négligeant les termes en $\frac{1}{R}$. Nous avons ainsi :

$$E_2 = \frac{\mathcal{M}\omega U_1}{\sqrt{R_1^2 + \mathcal{L}_1^2\omega^2}}$$

$$I_0 = \frac{U_1}{\sqrt{R_1^2 + \mathcal{L}_1^2\omega^2}}$$

valeurs qu'on aurait déduites immédiatement des équations (1) et (2) en y faisant $i_2 = 0$ et $\frac{di_2}{dt} = 0$. Le rapport de transformation à vide est donc :

$$k = \frac{\mathcal{M}\omega}{\sqrt{R_1^2 + \mathcal{L}_1^2\omega^2}}$$

Si nous négligeons R_1 devant $\mathcal{L}_1\omega$, ce qui est toujours admissible, nous obtenons :

$$k = \frac{\mathcal{M}}{\mathcal{L}_1} = \frac{n_2}{\rho_1 n_1}$$

ρ_1 étant plus grand que 1, et cette valeur approchée étant elle-même plus grande que la valeur réelle, on voit que même à vide le rapport de transformation est toujours un peu plus faible que la valeur théorique $\frac{n_2}{n_1}$.

Dans le cas de la marche en court-circuit R et $\mathcal{L}$ sont nuls, et le rapport de l'intensité du courant primaire à celle dans le secondaire a pour valeur :

$$k' = \frac{\sqrt{R_2^2 + \mathcal{L}_2^2\omega^2}}{\mathcal{M}\omega}$$

différent comme on le voit du rapport de transformation, alors que dans la théorie élémentaire il lui est égal. Si nous négligeons R_2 devant $\mathcal{L}_2$ nous avons comme valeur approchée de k :

$$k' = \frac{\mathcal{L}_2}{\mathfrak{M}} = \frac{\wp_2 n_2}{n_1}$$

On en déduit :

$$\frac{k}{k'} = \frac{1}{\wp_1 \wp_2} = 1 - \sigma$$

Revenons maintenant au cas général et remplaçons dans l'expression de $I_2, \mathfrak{M}\omega$ par sa valeur :

$$k\sqrt{R_1^2 + \mathcal{L}_1^2 \omega^2}$$

nous aurons :

$$I_2 = \frac{U_1 k \sqrt{R_1^2 \times \mathcal{L}_1^2 \omega_2}}{\sqrt{(R_1^2 + \mathcal{L}_1^2 \omega)\left[(R + R_2)^2 + (\mathcal{L} + \mathcal{L}_2)^2 \omega^2 + 2k^2 R_1 (R + R_2) - 2k\mathcal{L}_1^2 (\mathcal{L} + \mathcal{L}_2) \omega^2 + k^4 (R_1^2 + \mathcal{L}_1^2 \omega^2)\right]}}$$

ou :

$$I_2 = \frac{kU_1}{\sqrt{(R + R_2 + R_1 k^2)^2 + (\mathcal{L} + \mathcal{L}_1 - \mathcal{L}_2 k^2)^2 \omega^2}}$$

Posons :

$$R_2 + R_1 k^2 = R''_2 \\ \mathcal{L}_2 - \mathcal{L}_1 k^2 = \mathcal{L}''_2 \qquad \Big\} \ (a)$$

nous aurons :

$$I_2 = \frac{kU_1}{\sqrt{(R + R''_2)^2 + (\mathcal{L} + \mathcal{L}''_2)^2 \omega^2}}. \qquad (1)$$

Cette expression est celle qui nous donne la valeur de I_2 lorsque nous la déterminons (fig. 39) au moyen du diagramme de Kapp, le diagramme fondamental ayant pour côtés R''_2 et $\mathcal{L}''_2 \omega$. Mais il faut remarquer que l'essai en court-circuit ne peut nous donner exactement les valeurs de R''_2 et de $\mathcal{L}''_2$. En effet si dans la valeur de tg φ_1 et que nous fassions $\mathcal{L}$ et R nuls nous aurons :

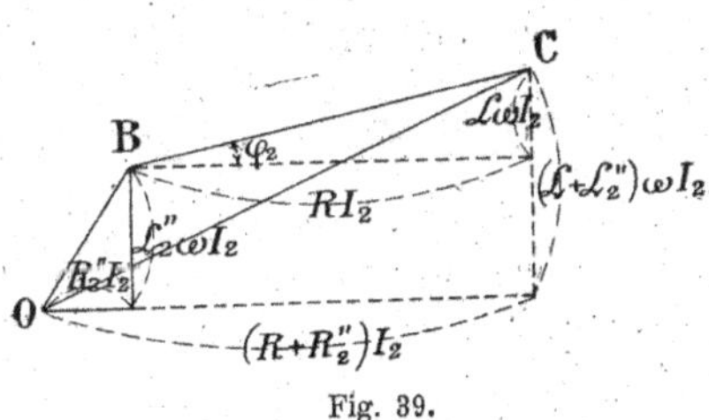

Fig. 39.

nous remplaçons $\mathfrak{M}\omega$ par $\dfrac{\sqrt{R_2^2 + \mathcal{L}_2^2 \omega^2}}{k'}$

$$tg\varphi'_1 = \frac{\mathcal{L}_1 k^2 - \mathcal{L}_2}{R_1 k^2 + R_2}\omega$$

le décalage de I_1 sur U_1 n'est donc pas égal à l'angle θ du triangle fondamental, il en différera d'autant moins que k et k' seront plus voisins c'est-à-dire le coefficient de dispersion plus faible ou que le transformateur aura moins de fuites. Théoriquement, on peut calculer R''_2 après avoir mesuré R_1 R_2 et k, nous avons déjà fait remarquer qu'on peut commettre ainsi une faute plus grande qu'en confondant θ avec le décalage primaire dans la marche en court-circuit.

Si nous remplaçons k par sa valeur approchée $\frac{\mathcal{M}}{\mathcal{L}_1}$ dans l'expression de $\mathcal{L}''_2$ nous obtenons :

$$\mathcal{L}''_2 = \mathcal{L}_2 - \mathcal{L}_1 \times \frac{\mathcal{M}^2}{\mathcal{L}_1^2} = \mathcal{L}_2 - \mathcal{L}_2(1 - \sigma) = \mathcal{L}_2\sigma$$

nous avions déjà obtenu cette expression en évaluant la self-induction des fuites réduites au primaire définie par $\mathcal{L}'_2 + \mathcal{L}'_1\frac{n^2_2}{n_1^2}$.

Diagrammes de fonctionnement. — Construisons d'abord (fig. 40) le diagramme résultant des équations (1), (2) et (3) ; prenons comme

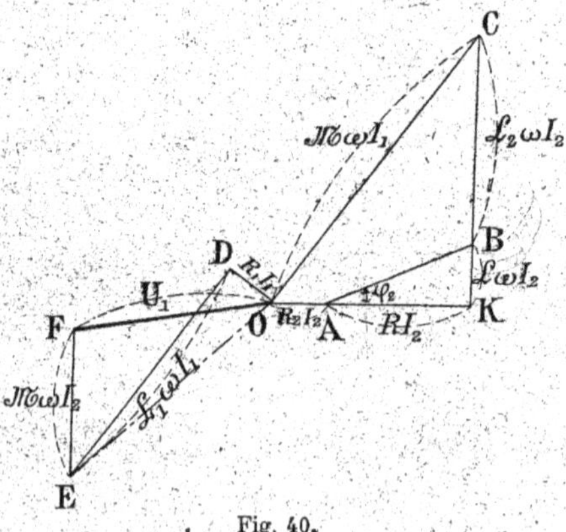

Fig. 40.

origine des phases celle de I_2 ; menons $OA = R_2 I_2$, $AB = U_2$ faisant avec OA l'angle φ_2, puis BC perpendiculaire à OA et égal à $\mathcal{L}_2\omega I_2$.

Le vecteur OC représente d'après (2) — $\mathfrak{M}\dfrac{di_1}{dt}$, il a donc pour longueur

$\mathfrak{M}\omega I_1$ et est décalé de $\dfrac{\pi}{2}$ en arrière de I_1 qui sera donc représenté par

un vecteur dirigé suivant OD, prenons sur cette direction OD = $R_1 I_1$
puis menons DE égal à $\mathcal{L}_1 \omega I_1$ et perpendiculaire à OD ; traçons EF

décalé de $\dfrac{\eta}{2}$ en avant de I_2 et égal à $\mathfrak{M}\omega I_2$ et joignons OF. Ce vecteur

d'après l'équation (1) représente u_1, il a donc pour longueur U_1 et
fait avec OD l'angle φ_1 décalage de I_1 sur U_1, si U_1 est donné, l'échelle
du diagramme se trouve fixée.

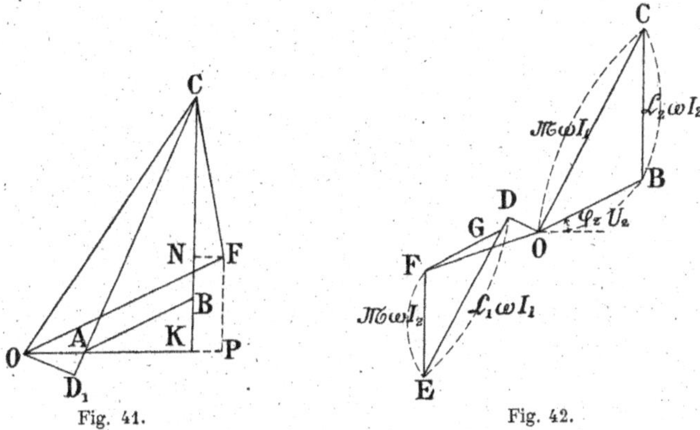

Fig. 41.Fig. 42.

Construisons sur OC du diagramme précédent (fig. 41) la
figure OD_1CF_1 semblable à ODEF, nous aurons :

$$\frac{\overline{OF_1}}{\overline{OF}} = \frac{\overline{CF_1}}{\overline{EF}} = \frac{\overline{OC}}{\overline{OE}} = \frac{\mathfrak{M}\omega I_1}{I_1 \sqrt{R_1^2 + \mathcal{L}_1^2 \omega^2}} = k,$$

d'où :

$$OF_1 = k U_1$$

$$CF_1 = \frac{\mathfrak{M}^2 \omega^2 I_2}{\sqrt{R_1^2 + \mathcal{L}_1^2 \omega^2}}$$

En outre, l'angle $\widehat{DCF}$ est égal à $\widehat{DEF}$ et par suite à $\widehat{OCD}$, puisque
ces deux derniers angles ont leurs côtés perpendiculaires à $\widehat{DOA}$, il

en résulte que $\widehat{F_1CX}$ est égal à $\widehat{OCD}$ ou à $\widehat{DEO}$, si nous menons F_1N perpendiculaire à CX, CN et NF seront proportionnels à $\mathcal{L}_1\omega$ et à R et nous aurons :

$$\frac{\overline{CN}}{\mathcal{L}_1\omega} = \frac{\overline{NK}}{R_1} = \frac{\overline{CK}}{\sqrt{R_1{}^2 + \mathcal{L}_1{}^2\omega^2}} = \frac{\mathfrak{M}^2\omega^2}{R_1{}^2 + \mathcal{L}_1{}^2\omega^2} I_2 = k^2 I_2,$$

nous en tirons :

$$\overline{CN} = \mathcal{L}_1\omega k^2 I^2$$

$$\overline{NK} = R_1 k^2 I^2$$

Construisons le triangle rectangle OF_1P, ses trois côtés seront :

$$OF = kU$$

$$OP = (R + R_2 + k^2 . R_1)\, I_2 = (R + R''_2)\, I_2$$

$$F_1P = (\mathcal{L} + \mathcal{L}_2 + k^2 . \mathcal{L}_2)\, I_2 = (\mathcal{L}_2 + \mathcal{L}_2)\, I_2.$$

Nous arrivons ainsi à la construction de Kapp.

Nous pouvons encore transformer le diagramme d'autre façon, admettons que R_2 soit suffisamment petit devant $\mathcal{L}_2\omega$ pour que nous puissions le négliger, la partie du diagramme général représentant l'équation (2) se réduit au triangle OBC (fig. 42), construisons le reste de l'épure comme précédemment, et menons FG parallèle à OB jusqu'à sa rencontre avec DE, les triangles FEG et OBC sont semblables et nous avons :

$$\frac{\overline{EG}}{\overline{OC}} = \frac{\overline{FG}}{\overline{OB}} = \frac{\overline{EF}}{\overline{BC}} = \frac{\mathfrak{M}}{\mathcal{L}_2}$$

On en déduit :

$$EG = \mathfrak{M}\omega I_1 \times \frac{\mathfrak{M}}{\mathcal{L}_2} = \frac{\mathfrak{M}^2\omega}{\mathcal{L}_2} I_1 = \mathcal{L}_1 (1-\sigma)\,\omega I_1$$

$$FG = U_2 \times \frac{\mathfrak{M}}{\mathcal{L}_2}$$

Transformateur alimenté à intensité constante. — Si nous supposons I_1 constant, il en sera de même de EG de plus l'angle EFG est égal à $\frac{\pi}{2} + \varphi_2$, F se trouve donc sur le segment capable de l'angle $\frac{\pi}{2} + \varphi_2$

décrit sur EG comme base et dont le centre C sera tel que l'angle CEG est égal à φ_2. Représentons à part (fig. 43) la figure ODEF ; lorsque φ_2 est égal à $\frac{\pi}{2}$ le segment se réduit à la droite EG, son centre se rapproche ensuite de EG lorsque φ_2 diminue, il vient sur cette droite pour $\varphi_2 = 0$, le segment est alors un demi-cercle. Le centre passe ensuite à droite de EG pour φ_2 négatif (fig. 44) et s'en éloigne de plus en plus, lorsque $\varphi_2 = -\frac{\pi}{2}$ l'arc se réduit aux parties de la droite DE extérieures à EG. Ce diagramme permet d'étudier facilement le fonctionnement du transformateur alimenté à intensité constante.

Supposons d'abord que le décalage secondaire soit constant, lorsque

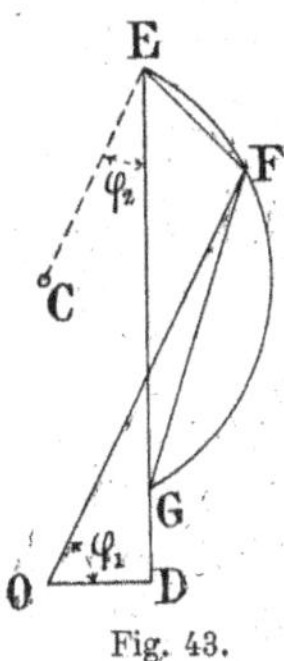

Fig. 43.

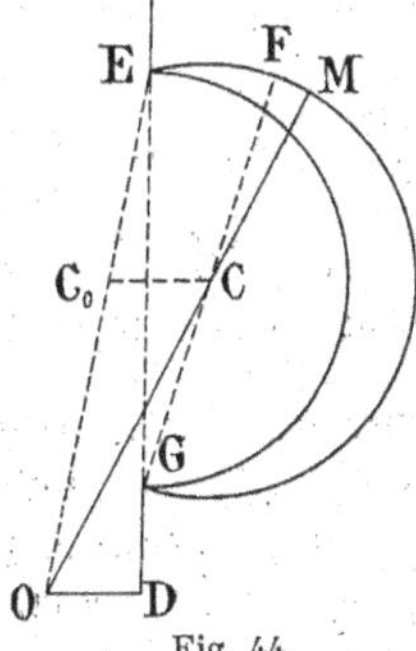

Fig. 44.

I_2 croîtra le point F se déplacera sur le segment EG du point E au point G ; OF et OG, par suite U_1 et U_2, iront donc en diminuant ainsi que le décalage primaire $\overline{\varphi}_1 = \widehat{\text{FOD}}$. Pour $I_2 = O$, on a $U_1 = OE$, $\frac{\mathcal{M}}{\mathcal{L}_2} U_2 = EG$ le rapport de transformation à vide est donc :

$$\frac{EG}{OE} \times \frac{\mathcal{L}_2}{\mathcal{M}} = \frac{\mathcal{L}_1 \omega (1-\sigma) \mathcal{L}_2}{\mathcal{M} \sqrt{R_1{}^2 + {}_1\mathcal{L}^2 \omega^2}} = \frac{\mathcal{M} \omega}{\sqrt{R_1{}^2 + \mathcal{L}_1{}^2 \omega^2}}$$

Lorsque F vient en G, U est nul $\frac{EG}{\mathcal{M}\omega}$ représente donc l'intensité de court-circuit, le rapport de l'intensité primaire à celle-ci est donc :

$$\frac{I_1}{\dfrac{\mathcal{L}_1 \omega (1-\sigma) I_1}{\mathcal{M}\omega}} = \frac{\mathcal{M}}{\mathcal{L}_1 (1-\sigma)} = \frac{\mathcal{L}_2}{\mathcal{M}} = k'$$

Ce sont les valeurs déjà trouvées en y faisant $R_2 = O$.

Il faut remarquer que lorsque G est à droite du point C_0 situé sur OE, OF commence par croître jusqu'à la valeur OCM et décroît ensuite (fig. 44), pour qu'il en soit ainsi il faut que φ_2 soit plus petit que l'angle $\widehat{OED}$ défini par :

$$\operatorname{cotg} \widehat{OED} = \frac{\mathfrak{L}_1 \omega_1}{R_1},$$

en outre si φ_2 est négatif, GF croit d'abord de GE à GF puis décroît ensuite.

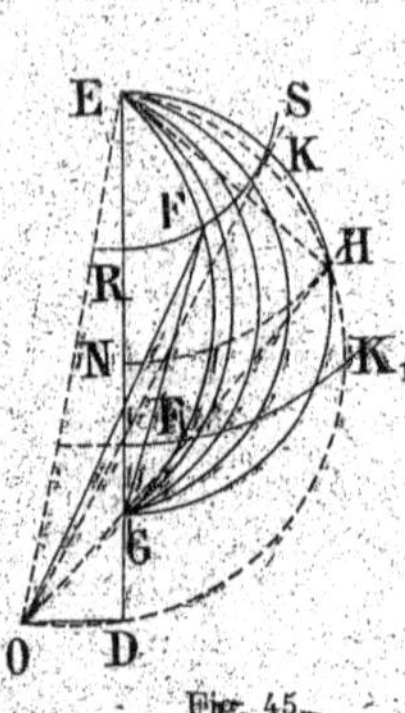

Fig. 45.

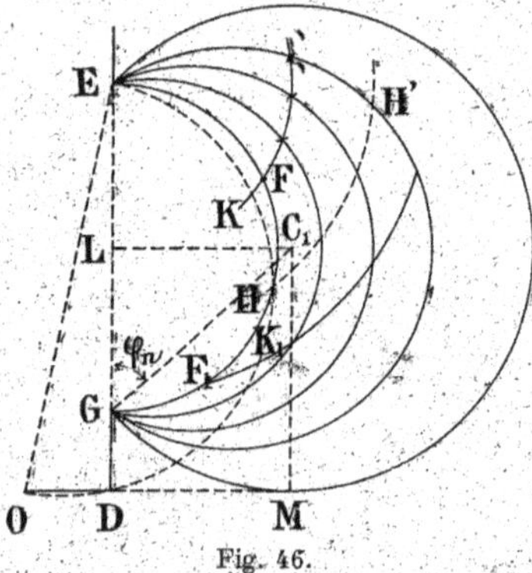

Fig. 46.

Supposons maintenant que le transformateur fonctionne à intensité secondaire constante (fig. 45), le point F se déplace sur une circonférence de centre E et de rayon $\mathfrak{M}\omega I_2$, de R vers S à mesure que le décalage diminue, GF ou $\frac{\mathfrak{M}}{\mathfrak{L}_2} U_2$ et par suite U_2 va en croissant. OF ou U_1 va aussi en augmentant constamment. Quant au décalage φ_1 de I_1 sur U_1, il va d'abord en diminuant jusqu'à ce que OF se confonde avec la tangente OK à la circonférence RFS puis il augmente. Tous ces points K se trouvent sur la circonférence décrite sur OE comme diamètre. Si EHG est la demi-circonférence correspondant à $\varphi_2 = O$, on voit que pour les décalages positifs, il n'y a de minimum que si $\overline{EF}$ est plus petit que EH, pour EF > EH φ_1 va toujours en diminuant. Pour les décalages négatifs (fig. 46), c'est l'inverse pour EF > EH il y a un minimum pour φ_1, et pour EF$<$EH φ_1 va toujours en croissant. Pour que φ_1 puisse devenir nul, il faut que le décalage négatif φ_2 soit plus grand en valeur absolue que celui φ_n correspondant à la circonférence EMG tangente en M à OD. On a alors :

$$\overline{GC_1} = \overline{CM} = \overline{LD} = \frac{\mathcal{L}_1\omega(1+\sigma)I}{2},$$

or :

$$\overline{GC} = \frac{\overline{LG}}{\cos\varphi_n} = \frac{\mathcal{L}_1(1-\sigma)I}{2\cos\varphi_n}.$$

On en déduit :

$$\cos\varphi_n = \frac{1-\sigma}{1+\sigma}.$$

Si, comme c'est le cas ordinaire, σ est petit, $\cos\varphi_n$ diffère peu de 1 (GD $= \mathcal{L}_1\sigma$ est très petit) et on peut écrire :

$$\cos\varphi_n = (1-\sigma)^2 = \frac{\mathfrak{M}^4}{\overline{\mathcal{L}_1}^2\mathcal{L}_2^2}.$$

Remarque. — Lorsque (fig. 47) F vient à gauche du point T ou OE prolongé rencontre la circonférence RFS, U_1 passe par un maximum puis décroît. Cherchons la valeur absolue φ_2 du décalage négatif correspondant, nous avons :

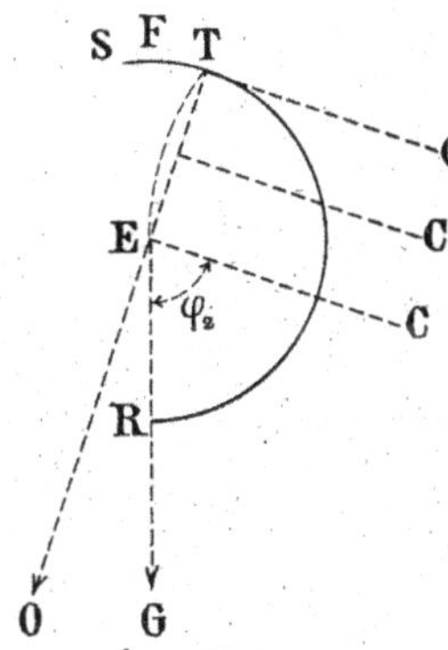

Fig. 47.

$$\overline{EF} = 2\overline{EC}\cos\widehat{TEC}.$$

Or :

$$\widehat{TEC} = \pi - \varphi_2 - \widehat{OEG},$$

$$EF = \mathfrak{M}\omega I_2,$$

$$\overline{EC} = \frac{\mathcal{L}_1\omega(1-\sigma)}{2\cos\varphi_2}I_1.$$

d'où :

$$-\frac{\mathcal{L}_1\omega(1-\sigma)I_1}{\cos\varphi_2}\cos(\varphi_2 + \widehat{OEG}) = \mathfrak{M}\omega I_2;$$

et par suite :

$$\cos\varphi_2\left[\mathfrak{M}\omega I_2 + \mathcal{L}_1\omega(1-\sigma)I_1\cos\widehat{OEG}\right] = \sin\varphi_2\mathcal{L}_1\omega(1-\sigma)I_1\sin\widehat{OEG}$$

Or :

$$\sin OEG = \frac{R_1}{\sqrt{R_1^2 + \mathcal{L}_1^2\omega^2}}, \qquad \cos \widehat{OEG} = \frac{\mathcal{L}_1\omega}{\sqrt{R_2 + \mathcal{L}_1^2\omega^2}}$$

d'où :

$$\operatorname{tg}\varphi_2 = \frac{\mathcal{M}\omega I_2 + \dfrac{\mathcal{L}_1^2\omega^2(1-\sigma)I_1}{\sqrt{R_1^2 + \mathcal{L}_1^2\omega^2}}}{\dfrac{R_1\mathcal{L}_1\omega(1-\sigma)I_1}{\sqrt{R_1^2 + \mathcal{L}_1^2\omega^2}}} = \frac{\mathcal{M}\omega\sqrt{R_1^2 + \mathcal{L}_1^2\omega^2}}{R_1\mathcal{L}_1^2\omega(1-\sigma)} \times \frac{I_2}{I_1} + \frac{\mathcal{L}_1\omega}{R_1}$$

$\dfrac{\mathcal{L}_1\omega}{R_1}$ est toujours très grand, et l'angle dont la tangente est égal à cette quantité est voisin de $\dfrac{\pi}{2}$, le décalage secondaire est très voisin de $-\dfrac{\pi}{2}$, la diminution de U_1 est donc une exception.

Remarque II. — Pour tous les décalages positifs la valeur maxima du courant secondaire est celle de court-circuit. Pour les décalages négatifs la valeur maximum de EF est celle du diamètre du cercle lieu de F, soit :

$$\frac{\mathcal{L}_1(1-\sigma)\omega I_1}{\mathcal{M}\omega\cos\varphi_2} = \frac{I_{cc}}{\cos\varphi_2}.$$

Transformateur alimenté à potentiel constant. — Si nous négligeons R_1 devant $\mathcal{L}_1\omega_1$ les points O et D du diagramme précédent se confondent, menons alors GM parallèle à EF, nous aurons (fig. 48) :

$$\overline{OM} = U_1\sigma$$

$$\overline{GM} = \mathcal{M}\omega\sigma I_2$$

$$\widehat{FGM} = \widehat{GFE} = \frac{\pi}{2} + \varphi_2$$

$$\widehat{GOM} = \frac{\pi}{2} - \varphi_1$$

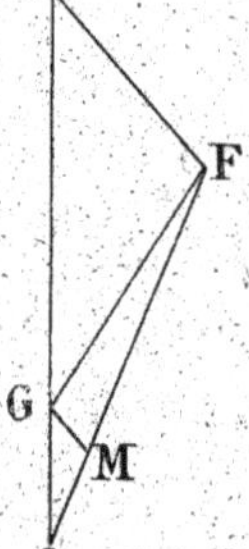

Fig. 48.

$OF = U_1$ étant constant, il en est de même de OM, et G se trouve sur le segment capable de l'angle $\dfrac{\pi}{2} + \varphi_2$ décrit sur MF comme corde.

En multipliant tous les côtés par $\frac{\mathcal{L}_2}{\mathfrak{M}}$ nous aurons :

$$OF = \frac{\mathcal{L}_2}{\mathfrak{M}} U_1 = k'U_1$$

$$FG = U_2$$

$$GM = \mathcal{L}_2 \omega \sigma I_2$$

$$OG = \frac{\mathcal{L}_1 \mathcal{L}_2 \omega \sigma I_1}{\mathfrak{M}} = \mathfrak{M}\sigma(1 - \sigma)\omega I_1 \simeq \mathfrak{M}\omega \sigma I_1$$

On peut donc construire un diagramme identique au précédent et l'utiliser pour discuter les variations de U_2 suivant les valeurs de I_2 et de φ_2. Nous ne referons pas cette étude qui serait calquée sur la précédente.

Décomposition du courant primaire en courant à vide et courant de charge. — i_0 étant le courant primaire à vide, on a :

$$u_1 = R_1 i_0 + \mathcal{L}_1 \frac{di_0}{dt}, \tag{1}$$

d'où :

$$I_0 = \frac{U_1}{\sqrt{R_1{}^2 + \mathcal{L}_1{}^2\omega^2}}.$$

Le décalage φ_0 de i_0 sur u_1 nous est donné par :

$$\tan \varphi_0 = \frac{\mathcal{L}_1\omega}{R_1},$$

valeur voisine de $\frac{\pi}{2}$, R_1 étant toujours petit devant $\mathcal{L}_1\omega$.

En charge, le courant primaire a une intensité i_1 qu'on peut mettre sous la forme :

$$i_1 = i_0 + i'_1$$

en le considérant comme la somme du courant à vide i_0 et d'un courant de charge i'_1. En substituant dans les équations de fonctionnement et tenant compte de (1) nous aurons :

$$O = R_1 i'_1 + \mathcal{L}_1 \frac{di'_1}{dt} + \mathfrak{M}\frac{di_2}{dt}, \tag{2}$$

$$O = (R_2 + R'_2)i + (\mathcal{L} + \mathcal{L}_2)\frac{di_2}{dt} + \mathfrak{M}\frac{di_0}{dt} + \mathfrak{M}\frac{di'_1}{dt} \tag{3'}$$

De (2) nous tirons immédiatement :

$$I'_1 = \frac{\mathfrak{M}\omega\, I_2}{\sqrt{R_1^2 + \mathcal{L}_1^2\omega^2}} = kI_2,$$

de plus I'_1 est décalé de φ_0 sur $- \mathfrak{M}\dfrac{di_2}{dt}$ et par suite de $\dfrac{\pi}{2} + \varphi_0$ sur i_2. On a donc :

$$i'_1 = - kI_2 \cos (\omega t - \varphi_0),$$

$$\frac{di'_1}{dt} = k\omega i_2 \cos \varphi_0 + k\omega \frac{di_2}{dt} \sin \varphi_0.$$

Portons dans (3) nous aurons :

$$(R + R_2 + k\mathfrak{M}\omega \cos \varphi_0)\, i_2 + (\mathcal{L} + \mathcal{L}_2 + k\mathfrak{M} \sin \varphi_0) \frac{di_2}{dt} + \mathfrak{M} \frac{di_0}{dt} = 0 \quad (4)$$

Or :

$$\mathfrak{M}\,\omega \cos \varphi_0 = \frac{\mathfrak{M}\omega R_1}{\sqrt{R_1^2 + \mathcal{L}_1^2\omega^2}} = kR_1$$

$$\mathfrak{M}\omega \sin \varphi_0 = \frac{\mathfrak{M}\omega \mathcal{L}_1}{\sqrt{R_1^2 + \mathcal{L}_1^2\omega^2}}\, k\mathcal{L}_1.$$

L'équation (4) devient :

$$(R + R_2 + R_1 k^2)i_2 + (\mathcal{L} + \mathcal{L}_2 + \mathcal{L}_1 k^2) \frac{di_2}{dt} + \mathfrak{M}\frac{di_0}{dt} = 0,$$

ou :

$$(R + R''_2)i_2 + (\mathcal{L} + \mathcal{L}''_2) \frac{di_2}{dt} + \mathfrak{M}\frac{di_0}{dt} = 0.$$

On en tire :

$$I_2 = \frac{\mathfrak{M}\omega I_0}{\sqrt{(R + R''_2)^2 + (\mathcal{L} + \mathcal{L}''_2)^2 \omega_2}} = \frac{kU_1}{\sqrt{(R + R''_2)^2 + (\mathcal{L} + \mathcal{L}''_2)^2 \omega_2}}$$

résultat déjà trouvé, de plus I_2 est décalé sur $\mathfrak{M}\dfrac{di_0}{dt}$ d'un angle ν tel que :

$$\tan \nu = \frac{(\mathcal{L}_2 + \mathcal{L})\,\omega}{R_2 + R}$$

i_2 est donc décalé sur i_0 de $\dfrac{\pi}{2} + \nu$. i'_1 décalé de $\dfrac{\pi}{2} + \varphi_0$ sur i_2 le sera par suite de $\pi + \varphi_0 + \nu$ sur i_0 et de $\pi + 2\,\varphi_0 + \nu$ sur la tension aux bornes.

Connaissant les composantes i_0, i'_1 de i_1 on aura facilement la valeur de cette intensité. φ_0 étant voisin de $\frac{\pi}{2}$, i'_1 et i_2 sont presque en opposition et à cause de la relation $I'_1 = kI_2$, on voit que I'_1 est l'intensité primaire théorique.

I'_1 peut s'écrire :

$$I'_1 = \frac{k^2 U_1}{\sqrt{(R + R''_2)^2 + (\mathcal{L} + \mathcal{L}''_2)^2 \omega^2}} = \frac{U_1}{\sqrt{\left(\frac{R + R''_2}{k^2}\right)^2 + \left(\frac{\mathcal{L} + \mathcal{L}''_2}{k^2}\right)^2}}$$

$$= \frac{U_1}{\sqrt{\left(\frac{R}{k^2} + R''_1\right)^2 + \left(\frac{\mathcal{L}}{k^2} + \mathcal{L}''_1\right)^2 \omega^2}}$$

En tenant compte de ce que φ_0 est voisin de $\frac{\pi}{2}$, le décalage de i'_1 sur u_1 est sensiblement ν et :

$$\tan \nu = \frac{\left(\dfrac{\mathcal{L}}{k^2} + \dfrac{\mathcal{L}''_2}{k^2}\right)\omega}{\left(\dfrac{R}{k^2} + \dfrac{R''_2}{k^2}\right)} = \frac{\left(\dfrac{\mathcal{L}}{k^2} + \mathcal{L}''_1\right)\omega}{\left(\dfrac{R}{k^2} + R''_1\right)}$$

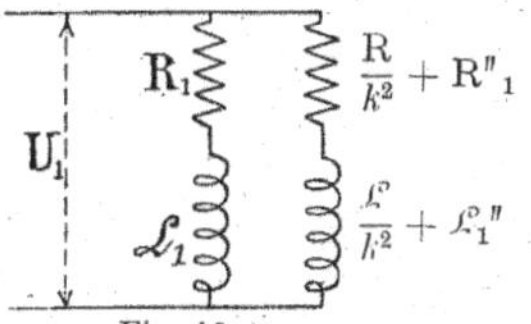

Fig. 49.

On voit qu'à la mise en charge tout se passe dans le réseau primaire comme si on mettait en dérivation aux bornes de cet enroulement (fig. 49) un circuit de résistance $\frac{R}{k^2} + R''_1$ et de self $\frac{\mathcal{L}}{k^2} + \mathcal{L}''_1$. (Schéma de M. Picou).

Transformateur équivalent à un transformateur donné. — Soit un transformateur ayant un rapport de transformation $k = \frac{1}{m}$, nous aurons donc :

$$n_1 = mn_2.$$

Nous pouvons considérer le primaire comme formé de m bobines en série ayant chacune n_2 spires. Couplons ces m bobines en parallèle et soumettons-les à une tension U'_1, le flux Φ' dans le circuit magnétique sera :

$$U'_1 = n_2\omega\Phi'.$$

Si U_1 était la tension primaire du transformateur donné, le flux Φ était tel que :

$$U_1 = n_1\omega\Phi = mn_2\omega\Phi$$

Le flux Φ' sera donc égal à Φ si nous avons :

$$U_1 = mU'_1$$

d'où :

$$U'_1 = kU_1 = E_2$$

Le rapport de transformation du nouveau transformateur sera donc l'unité. En outre les ampères-tours totaux devant rester les mêmes pour avoir le même flux, l'intensité dans chaque bobine aura la même valeur que dans le transformateur donné. Les m bobines étant en quantité, l'intensité primaire sera devenue :

$$I'_1 = mI_1 = I_2$$

ce qui correspond aussi au rapport de transformation égal à l'unité.

La résistance du primaire sera devenue $\frac{R_1}{m^2}$ puisque chaque bobine a une résistance $\frac{R_1}{m}$. La chute ohmique sera $\frac{R_1}{m} \times mI = \frac{R_1 I}{m}$ et la chute ohmique relative :

$$\frac{\frac{R_1 I}{m}}{U'} = \frac{R_1 I}{U}$$

n'a pas changé. Il en sera de même de la perte Joule relative.

Le flux de fuites du primaire n'a pas changé, la self-induction de fuite de chaque bobine est donc $\frac{\mathcal{L}'_1}{m^2}$ puisqu'elle a un nombre m fois moindre de spires que celle qui donnait lieu au flux de fuite $\mathcal{L}'_1 i_1$. Le courant étant devenu m fois plus grand la f. e. m. induite dans chaque bobine sera $\frac{\mathcal{L}'_1 I_1}{m}$. Comme les bobines sont en parallèle, la perte inductive totale est la même que pour une seule.

Tout se passera de la même façon si nous confondons ensemble les m bobines, leur section totale de fil et par suite la densité du courant et le poids du cuivre garderont leur valeur. Nous aurons alors un transformateur de rapport de transformation $k = 1$, ayant n_2 spires à chaque enroulement, même flux dans le fer et même flux de fuites ét donnant lieu par suite aux mêmes chutes de tension. Sa résistance primaire et son coefficient de self-induction de fuite sont m fois plus petits que ceux du transformateur donné. Ce transformateur est dit *équivalent* au transformateur donné.

On voit que d'une façon générale on peut, pour simplifier l'écriture, supposer le rapport de transformation égal à l'unité.

Remarques sur les coefficients d'induction. — Dans l'emploi des coefficients de self-induction on n'a pas tenu compte des courants de Foucault ni de l'hystérésis. Il est difficile dans les diagrammes d'utiliser les avances du flux sur les ampères-tours car on devrait prendre un angle d'avance différent pour les flux considérés, $\mathcal{L}_1 i_1$, $\mathcal{L}_2 i_2$, $\mathcal{M} i_1$, $\mathcal{M} i_2$. Cela serait d'ailleurs inutile puisque les résultats trouvés par toutes les méthodes se ramènent au diagramme de Kapp et qu'il suffit d'en déterminer les côtés d'une façon approchée.

Si on se reporte aux équations :

$$u_1 = \mathrm{R}_1 i_1 + n_1 \frac{d\Phi i}{dt} + \mathcal{L}_1{}' \frac{di_1}{dt}$$

$$(\mathrm{R} + \mathrm{R}_2) i_2 + n_2 \frac{d\Phi i}{dt} + (\mathcal{L} + \mathcal{L}'_2) \frac{di_2}{di} = 0$$

on voit que les fuites agissent comme des bobines de self sans résistance ajoutées aux circuits primaire et secondaire d'un transformateur à circuit magnétique parfait.

CHAPITRE IV

Rendement du transformateur

Expression du rendement. — Le rendement d'un transformateur sera, comme pour toutes les machines, le rapport de l'énergie qu'il fournit à celle qu'il consomme dans le même temps, c'est-à-dire le rapport de la puissance récoltée aux bornes du secondaire à celle fournie aux bornes du primaire :

$$r = \frac{W_2}{W_1} = \frac{U_2 I_2 \cos \varphi_2}{U_1 I_1 \cos \varphi_1}$$

La puissance W_1 est égale à la puissance utile W_2 augmentée des pertes, ces dernières sont :

1° Les pertes Joule dans les enroulements $R_1 I_1^2$ et $R_2 I_2^2$, donnant lieu à la perte totale :

$$W_j = R_1 I_1^2 + R_2 I_2^2$$

2° Les pertes par hystérésis, la puissance ainsi perdue a pour expression comme on l'a vu :

$$W_h = f \eta V \mathcal{B}^{1,6}_m 10^{-7} \text{ watts.}$$

f étant la fréquence, V le volume du circuit magnétique en centimètres cubes, η le coefficient de Steinmetz, $\mathcal{B}_m$ l'induction maxima ;

3° Les pertes par courants de Foucault dans le fer ayant pour valeur par seconde :

$$W_f = \chi f^2 V \mathcal{B}^2_{max} 10^{-11} \text{ watts.}$$

On réunit souvent ces deux dernières pertes en une seule :

$$W_r = W_h + W_f$$

W_F reçoit le nom de *pertes dans le fer*, W_j étant les *pertes dans le cuivre* et :

$$W_1 = W_2 + W_r + W_j$$

d'où :

$$r = \frac{W_2}{W_2 + W_r + W_j} = \frac{W_1 - W_r - W_j}{W_1} = 1 - \frac{W_r + W_j}{W_1}$$

Répartition des pertes entre le fer et le cuivre. — Les pertes dans le fer et dans le cuivre sont fonctions des constantes de construction du transformateur et des conditions de fonctionnement du transformateur, on peut donc chercher s'il est possible d'établir un transformateur tel que le rendement soit maximum.

Le flux et par suite l'induction restant constant à toutes les charges, les pertes dans le fer sont constantes quelle que soit W_2.

Le rapport $\frac{I_1}{I_2}$ restant à peu près constant les pertes joule sont proportionnelles à $I_2{}^2$. Pratiquement le décalage des réseaux varie peu et reste voisin de O, il en sera donc ainsi pour φ_2. U_2 reste alors à peu près constant surtout si le coefficient de dispersion est faible et en résumé W_2 est proportionnel à I_2. Les pertes joules sont donc à peu près proportionnelles à $W_2{}^2$ et on peut écrire :

$$W_j = aW_2{}^2.$$

d'où :

$$r = \frac{W_2}{W_2 + aW_2{}^2 + W_F} = \frac{1}{1 + aW_2 + \dfrac{W_F}{W_2}}.$$

Le produit aW_F des deux derniers termes du dénominateur est constant, leur somme est donc minima et par suite le rendement maximum lorsqu'ils sont égaux on a alors :

$$aW_2 = \frac{W_F}{W_2}$$

ou :

$$W_F = aW_2{}^2 = W_f.$$

Un transformateur donné a son rendement maximum lorsqu'il fournit une puissance telle que les pertes dans le fer soient égales aux pertes dans le cuivre.

On devra donc construire un transformateur de manière qu'il en soit ainsi pour la puissance qu'il doit normalement débiter

Ceci suppose que le fer soit peu saturé, que le transformateur a peu de fuite et que la résistance du circuit extérieur soit grande devant la résistance R''_2 du transformateur réduite au secondaire. Ce sont les conditions générales auxquelles nous sommes toujours arrivées pour pouvoir exprimer pratiquement le fonctionnement du transformateur. On appliquera donc le principe précédent pour l'établissement d'un transformateur.

Répartition des pertes joules entre les enroulements. — Admettons qu'on se soit donné d'une façon quelconque la perte joule totale $R_1 I_1^2 + R_2 I_2^2$, cherchons qu'elle sera la meilleure façon de répartir cette perte entre les enroulements. Comme dans toutes ces questions, nous chercherons à rendre le poids total de cuivre minimum.

Soit ρ la résistivité du cuivre de poids spécifique d formant les enroulements, l_1 la longueur moyenne d'une spire primaire, s_1 sa section ; l_2, s_2 les mêmes quantités pour le secondaire. On a :

$$R_1 = n_1 \rho \frac{l_1}{s_1},$$

$$R_2 = n_2 \rho \frac{l_2}{s_2}.$$

Le poids total du cuivre est :

$$P = d \left[n_1 l_1 s_1 + n_2 l_2 s_2 \right].$$

La perte joule étant donnée, on a :

$$W_j = \rho \left[\frac{n_1 l_1}{s_1} I_1^2 + \frac{n_2 l_2}{s_2} I_2^2 \right]$$

l_1 et l_2 sont des données de construction car ils dépendent de la forme et de la grandeur de la section du circuit magnétique, déterminées de façon à avoir une induction déterminée pour le flux correspondant à la tension d'alimentation. Nous allons donc déterminer s_1 et s_2 de manière que pour W_F donné, P soit minimum ou inversement pour que pour un poids de cuivre déterminé P, la perte joule soit minima. Nous devons pour cela chercher les valeurs de s_1 et s_2 qui annulent les dérivées par rapport à ces quantités de $W_j + \lambda P$, λ étant une inconnue auxiliaire que déterminera ensuite la condition $P = C^{te}$ ou $W_j = C^{te}$. Nous avons ainsi :

$$\frac{d\,[W_j + \lambda P]}{ds_1} = - \rho n_1 l_1 \frac{I_1^2}{s_1^2} + d n_1 l_1 \lambda = 0$$

$$\frac{d\,[W_j + \lambda P]}{ds_2} = - \rho n_2 l_2 \frac{I_2^2}{s_2^2} + d n_2 l_2 \lambda = 0$$

d'où :

$$\frac{I_1^2}{s_1^2} = \frac{d}{\rho}\lambda = \frac{I_2^2}{s_2^2} \tag{1}$$

ce qui se traduit par :

La densité du courant doit être la même dans les deux enroulements.

Ceci sans aucune hypothèse d'approximation ; tenons compte maintenant de ce qu'on a à peu près :

$$n_1 I_1 = n_2 I_2,$$

et par suite d'après (1) :

$$n_1 s_1 = n_2 s_2 \tag{2}$$

Les pertes dans les enroulements peuvent s'écrire :

$$R_1 I_1^2 = \rho n_1 l_1 s_1 \times \frac{I_1^2}{s_1^2} = n_1 l_1 s_1 d \times \lambda,$$

$$R_2 I_2^2 = \rho n_2 l_2 s_2 . \frac{I_2^2}{s_2^2} = n_2 l_2 s_2 d \times \lambda.$$

D'après (1) et sans aucune approximation :

Les pertes joules dans chaque enroulement sont proportionnelles à leurs poids de cuivre.

En tenant compte de ce que l_1 et l_2 sont à peu près égaux ainsi que de (2), on trouve qu'approximativement :

Le poids du cuivre et la perte joule doivent avoir la même valeur dans les deux enroulements.

Etude du rendement au moyen du diagramme de Kapp. — En établissant le diagramme de Kapp dans le cas des fuites, nous avons vu que la base R''_2 du triangle fondamental tenait compte du décalage α et par suite des effets de l'hystérésis et des courants de Foucault. Si pour déterminer R''_2 on mesure la puissance dépensée dans le primaire dans l'essai à vide, l'expression $R''_2 I_2^2$ représente la somme des pertes joules et des pertes dans le fer. Reprenons ce diagramme (fig. 50) $\overline{ON} = E_2,$ $\overline{OA} = R''_2 I_2,$ $\overline{AB} = \mathcal{L}''_2 \omega I_2,$ $\overline{OB} = Z''_2 I_2,$ $\widehat{CBD} = \varphi_2,$ $\overline{BC} = U_2,$ $\overline{BD} = \overline{AE} = R I_2,$ $\overline{DC} = \mathcal{L} \omega I_2.$ La puissance utile dans le secondaire est :

$$W_2 = R I_2^2$$

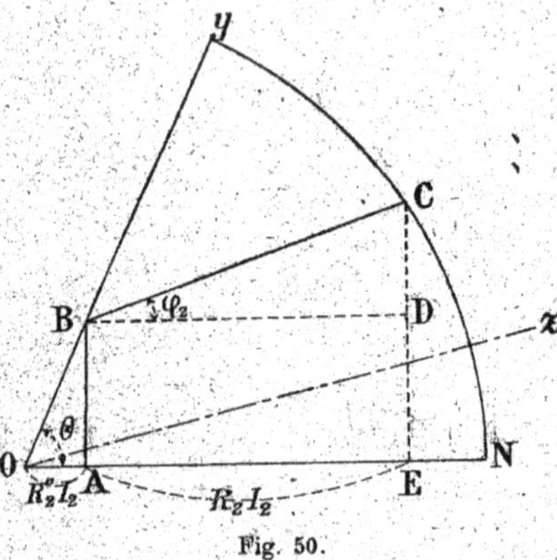

Fig. 50.

La puissance totale perdue est $R''_2 I_2^2$, on a donc :

$$r = \frac{R I_2^2}{(R + R''_2) I_2} = \frac{R}{R + R''_2}.$$

Le rendement sera d'autant plus grand qu'il en sera de même de $\dfrac{R}{R''_2}$ ou de $\dfrac{R}{\mathcal{L}''_2}$ ou de $\dfrac{R}{Z''_2}$ les deux quantités $\mathcal{L}''_2, Z''_2$ étant égales à R''_2 multipliées par des constantes. Nous allons, au moyen du diagramme de Kapp, étudier les conditions de fonctionnement à puissance donnée.

La puissance secondaire et le décalage secondaire sont donnés. — Nous devons avoir :

$$U_2 I_2 \cos \varphi_2 = W_2$$

Or :

$$OB = Z''_2 I_2$$

$$BC = U_2.$$

Nous en tirons :

$$\overline{OB} \times \overline{BC} = \frac{Z''_2 W_2}{\cos \varphi_2} = C^{te}$$

Le point C se trouve donc sur une hyperbole de centre O (fig. 51) et ayant pour asymptotes la droite fixe Oy, et Oz faisant avec l'angle φ_2.

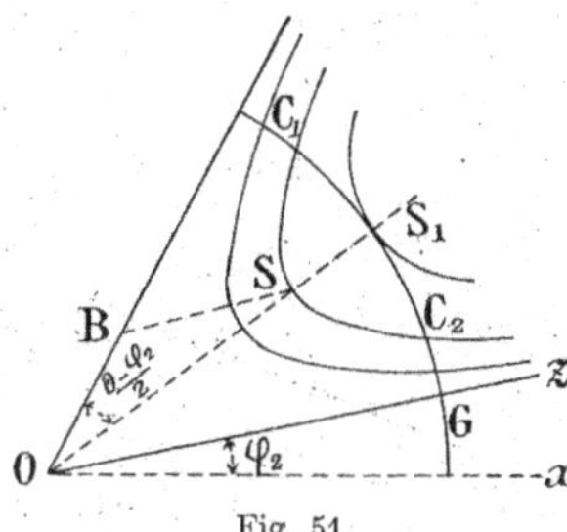

Fig. 51.

Le sommet S de ces hyperboles est sur la bissectrice de zOy et tel que :

$$\overline{OB} = \overline{BS} = \sqrt{\frac{Z''_2 W_2}{\cos \varphi_2}}$$

et par suite :

$$\overline{OS} = 2\,\overline{OB} \cos \left(\frac{\theta - \varphi_2}{2} \right) = 2 \sqrt{\frac{Z''_2 W_2}{\cos \varphi_2}} \times \cos \left(\frac{\theta - \varphi_2}{2} \right)$$

OS croît donc avec W_2, nous pouvons ainsi tracer les hyperboles correspondant à des puissances différentes. Chacune se trouve à l'opposé du point O par rapport aux hyperboles de puissance moindre.

La puissance maxima que peut débiter le transformateur est celle qui correspond à la courbe tangente à la circonférence du diagramme de Kapp, on doit avoir alors :

$$OS_1 = E_2$$

d'où :

$$W_2 = \frac{E_2^2}{4Z''_2} \times \frac{\cos \varphi_2}{\cos^2 \left(\dfrac{\theta - \varphi_2}{2} \right)}.$$

Pour les puissances inférieures, il y aura deux points C_1 et C_2 de fonctionnement possible, un seul de ces points de fonctionnement correspond à un régime stable, c'est celui C_2 le plus près de Oz. En effet si Z est l'impédance du circuit secondaire on a $I_2 = \dfrac{U_2}{Z}$ et $W_2 = \dfrac{U_2{}^2\cos\varphi_2}{Z}$, supposons qu'il se produise une légère diminution de Z, U_2 conservant momentanément sa valeur, I_2 et W_2 croîtrons, le point de fonctionnement intersection de la courbe de puissance et du cercle devra donc venir se placer sur une courbe de puissance plus forte en s'éloignant de Oz, cela est impossible pour C_1 et l'est pour C_2. La branche SC_2Z est donc celle du fonctionnement stable. Pour l'autre branche, on a d'ailleurs une tension aux bornes plus petite que la chute interne $Z''_2 I_2$ ce qui est une mauvaise condition de fonctionnement.

Comme $Z''_2 = \dfrac{R''_2}{\cos\theta}$ et $U_2 = \dfrac{RI_2}{\cos\varphi_2}$, on voit (fig. 50) que le rendement est égal à :

$$r = \frac{1}{1 + \dfrac{R''_2}{R}} = \frac{1}{1 + \dfrac{\overline{OB}\cos\theta}{\overline{BC}\cos\varphi_2}}.$$

Les lignes d'égal rendement sont donc représentées par rapport aux axes Oy, Oz par des droites $\dfrac{\overline{OB}}{\overline{BC}} = C^{te}$ passant toutes par l'origine O. Ce rendement est d'autant plus grand que $\dfrac{\overline{OB}}{\overline{BC}}$ est plus petit, c'est-à-dire que la droite représentative est plus éloignée de Oy. Lorsque le point de fonctionnement va sur la circonférence de S_1 en G partie correspondant au fonctionnement stable on a augmentation du rendement au fur et à mesure que la puissance diminue. Cette différence avec ce que nous avons dit plus haut, provient de ce que nous admettons ici que I_1 est en opposition avec I_2 et que $\widehat{COx}$ est égal à φ_1, lorsqu'on approche de la marche à vide la perte de puissance devient beaucoup plus grande que $R''_2 I_2{}^2$ et les résultats déduits du diagramme de Kapp ne sont plus applicables pour les puissances correspondant à des marches voisines de celle à vide.

Influence de cos φ_2 sur le rendement. — Si nous considérons les hyperboles qui correspondraient à une même puissance pour des valeurs différentes de φ_2, elles ont toutes la même asymptote Oy, et l'autre Oz tourne autour de O en faisant avec Ox l'angle φ_2. L'ordonnée OB restera donc la même et on aura :

$$BC = \frac{Z''_2 W_2}{OB \cos \varphi_2}$$

Soit (fig. 52) BC_1 l'abscisse correspondant à $\varphi_2 = O$, on a :

$$BC_1 = \frac{Z''_2 W_2}{OB} BC \cos \varphi_2,$$

tous les points C correspondant à une même valeur de OB sont donc

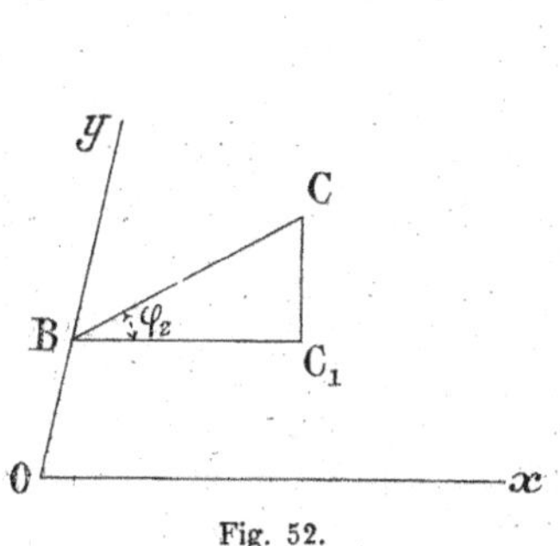

Fig. 52.

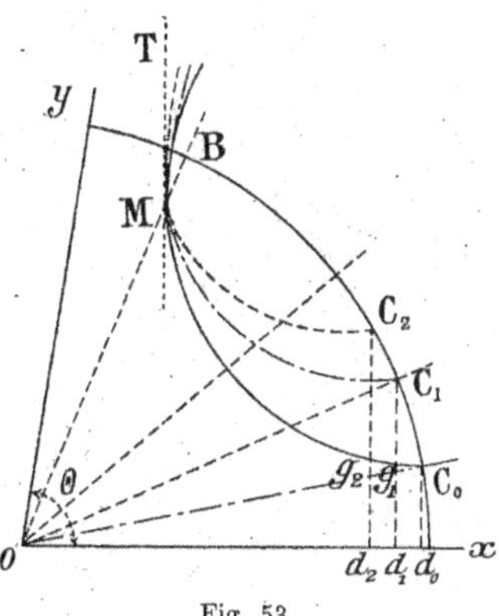

Fig. 53.

sur une même perpendiculaire à Ox. Pour tous ces points, le rendement est le même, car $BC = RI_2$, et $\dfrac{BC}{OB} = \dfrac{R}{R''_2} \cos \theta$ est constant. De la construction précédente, on conclut que les hyperboles sont toutes tangentes à une même perpendiculaire à Ox et qu'elles coupent toutes l'hyperbole correspondant à $\varphi_2 = \theta$ au delà, par rapport à Ox, du point de contact de cette tangente (fig. 53). Comme de plus θ est proche de $\dfrac{\pi}{2}$, on voit que sur la branche utilisable on rencontrera les hyperboles en partant de Ox dans l'ordre des angles de décalage. Sur la figure, l'hyperbole en traits pleins correspond au décalage nul, celle en traits mixtes à un certain décalage, celle en traits pointillés à un décalage plus grand. Suivant la valeur de cos φ_2 le point de fonctionnement pour la valeur donnée de W_2 sera $C_0 C_1$ ou C_2. En C_2 le rendement serait le même que pour le point g_2 de l'hyperbole correspondant à $\varphi_2 = O$, en C_1 ce serait le même qu'en g_1, etc... Ce rendement varie comme nous l'avons vu en sens inverse de l'inclinaison des droites Og sur Ox. Il diminue donc quand φ_2 augmente.

Pour les points situés sur la partie instable des courbes les résultats sont différents suivant que le point de contact M de la tangente perpendiculaire à Ox avec la courbe $\varphi_2 = O$ est à l'intérieur ou à l'extérieur du cercle de Kapp. Dans le premier cas en augmentant le décalage, les points se succèdent sur la circonférence comme pour la branche stable et les résultats sont les mêmes, dans le second cas c'est l'inverse.

La position du point M dépend de la valeur de W_2, quand W_2 varie, M se déplace sur la droite OMB qui passe par les milieux des segments de droite perpendiculaires à Ox compris entre Ox et Oy. M s'éloigne du point O quand W_2 augmente ; lorsque W_2 sera supérieure à la valeur qui correspond à la coïncidence de M et de B, le rendement augmentera avec le décalage lorsqu'on sera sur la branche instable des courbes.

Puissance maxima. — La puissance la plus grande qu'on puisse obtenir avec un décalage φ_2 est comme nous l'avons vu :

$$W_2 = \frac{E_2^2}{4Z''_2} \frac{\cos \varphi_2}{\left(\cos^2 \dfrac{\theta - \varphi_2}{2} \right)}$$

La puissance maxima serait celle pour laquelle $\dfrac{dW_2}{d\varphi_2} = O$, on a :

$$\frac{dW_2}{d\varphi_2} = \frac{E_2^2}{4Z''_2} \frac{-\sin\left(\dfrac{\theta + \varphi_2}{2}\right) \cos\left(\dfrac{\theta - \varphi_2}{2}\right)}{\cos''\left(\dfrac{\theta - \varphi_2}{2}\right)}$$

Lorsque φ_2 varie de $\dfrac{\pi}{2}$ à $-\theta$, $\dfrac{dW_2}{d\varphi_2}$ est négatif, φ_2 allant ensuite de $-\theta$ à $-\dfrac{\pi}{2}$, $\sin\dfrac{\theta + \varphi}{2}$ est négatif et $\cos\dfrac{\theta - \varphi_2}{2}$ positif, $\dfrac{dW_2}{d\varphi_2}$ est donc positif. Il en résulte que le maximum de W_2 a lieu pour $\varphi_2 = -\theta$. Ce résultat s'explique si on se rappelle qu'en rendant négatif le décalage au secondaire on diminue le courant magnétisant et par suite la puissance demandée au primaire. Ce résultat purement théorique car il constitue une extrapolation du diagramme de Kapp, montre l'intérêt qu'il y a ici comme dans bien d'autres cas à utiliser des appareils mettant l'intensité en avance sur la différence de potentiel

Cette puissance maxima ne donnerait pas d'ailleurs le meilleur rendement qui correspond comme nous l'avons vu à $\varphi_2 = O$, et à une puissance plus faible que la puissance maxima à ce décalage.

Remarque. — Nous avons défini une branche stable et une branche instable par analogie avec ce qui se passe dans les génératrices et les réceptrices, mais l'instabilité n'existe pas à proprement parler dans un transformateur, car il est alimenté par un autre appareil auquel se transmettent ses perturbations et dont dépend seul la stabilité de marche du réseau. Dans tous les cas c'est une branche de mauvaise utilisation à cause de son grand décalage et de son mauvais rendement.

Puissance maxima pratique. — En pratique, la puissance maxima est comme pour tous les appareils électriques celle qui correspond à la limite de résistance des organes c'est-à-dire, dans le cas des transformateurs, la puissance donnant l'échauffement maximum que peuvent supporter les enroulements sans être détériorés. Cette puissance maxima sera la pleine charge du transformateur, elle ne correspond pas forcément au maximum de rendement.

Nous avons vu en effet que pour un transformateur donné il existait une puissance rendant le rendement maximum, celle pour laquelle les pertes dans le fer sont égales aux pertes dans le cuivre. Soit W'_2 cette puissance, W''_2 la pleine charge.

Si le transformateur doit fonctionner à puissance constante, ce qu'on s'efforce de faire pour les transformateurs de sous-stations, il est évident qu'il y a intérêt :

1° A le faire marcher à pleine charge car on utilise ainsi les matériaux le mieux possible ;

2° A avoir le maximum de rendement, c'est-à-dire $W'_2 = W''_2$.

Si au contraire le service est très variable, comme dans le cas d'un transformateur d'abonné, on doit prévoir la pleine charge égale à la puissance totale que consommerait l'installation ayant tous ses récepteurs en circuit. On évaluera d'après le service à remplir la puissance moyenne à fournir et c'est pour celle-là qu'on demandera le maximum de rendement, ce sera donc W'_2 et on aura $W''_2 > W'_2$. La puissance consommée s'écartera plus ou moins de W'_2 mais comme on sera au voisinage du rendement maximum, ce rendement variera peu.

Remarquons que dans ce cas les pertes par chaleur joule sont plus grandes pour W''_2 que pour W'_2, à pleine charge, elles sont donc plus grandes que celles dans le fer.

Transformateurs à carcasses géométriquement semblables. — Considérons des transformateurs ayant le même rendement maximum ρ, correspondant pour l'un à une puissance $W_{1,2}$ et pour l'autre à une puissance $W_{2,2}$. Les circuits magnétiques étant fabriqués avec des tôles de même qualité, on emploiera les mêmes inductions, et par suite les pertes par cmc de fer seront les mêmes. Les pertes totales seront donc AV_1, AV_2, V_1 et V_2 étant les volumes des circuits magnétiques. Or ces pertes dans le fer, égales à celles dans le cuivre, seront la moitié des pertes totales, on aura donc :

$$AV_1 = \frac{W_{2,2} \cdot (1 - \rho)}{2\rho},$$

$$AV_2 = \frac{W_{2,2} (1 - \rho)}{2\rho}.$$

Nous en déduirons :

$$\frac{V_1}{V_2} = \frac{W_{1,2}}{W_{2,2}}.$$

Les volumes et par suite les poids de fer sont proportionnels aux puissances. Si les transformateurs sont géométriquement semblables, $\frac{V_1}{V_2}$ sera égal au cube du rapport de similitude m. Le rapport des puissances est donc égal au cube du rapport des dimensions linéaires.

La similitude ne peut être poussée plus loin, les pertes joules étant égales aux pertes dans le fer devraient être proportionnelles aux volumes, c'est-à-dire à des mètres cubes. Mais les surfaces de refroidissement n'étant proportionnelles qu'à des mètres carrés, la dissipation d'énergie ne se fera pas dans les mêmes conditions et le plus gros transformateur chauffera trop, ou bien le plus petit aura plus de cuivre qu'il n'en est utile.

Il faudrait donc introduire d'autres hypothèses, et nous ferions de la sorte sous forme détournée un projet de transformateur.

Influence de la fréquence. — Considérons un transformateur donné ayant son rendement maximum pour sa puissance maximum W_2. Les pertes dans le fer sont alors :

$$W_F = Vn f \mathcal{B}^{1,6}_m 10^{-7} + V \chi f^2 \mathcal{B}^2_m 10^{-11} = V [a f \mathcal{B}^{1,6}_m + b f^2 \mathcal{B}^2_m].$$

S étant la section du circuit magnétique, nous avons :

$$\Phi_m = \mathcal{B}_m S,$$

et

$$U_1 = n_1 \times 2\pi f \times \frac{\mathcal{B}_m S}{\sqrt{2}} = c f \mathcal{B}_m.$$

abc étant des constantes.

Si le transformateur fonctionne bien W_F correspond à la température maxima admissible dans le fer, I_1 et I_2 sont aussi les intensités maxima compatibles avec les enroulements.

Faisons fonctionner avec une autre fréquence f' et sous une autre tension primaire U'_1, nous aurons :

$$U'_1 = c . f' \mathcal{B}'_m ;$$

$$W'_F = V [a f' \mathcal{B}'^{1,6}_m + b f'^2 \mathcal{B}'^2_m].$$

Le rapport de transformation est à peu près indépendant de la fréquence, on aura donc :

$$\frac{U_2}{U'_2} = \frac{U_1}{U'_1} = \frac{f \mathcal{B}_m}{f' \mathcal{B}'_m}.$$

Dans les deux cas les puissances maxima correspondent aux intensités maximas admissibles dans les enroulements, c'est-à-dire que $I_2 e I_1$ sont à peu près les mêmes dans les deux cas et on a :

$$\frac{W_2}{W'_2} = \frac{U_2 I_2}{U_2' I_2} = \frac{f \mathcal{B}_m}{f' \mathcal{B}'_m}.$$

W'_2 sera donc maximum en même temps que $f'\mathcal{B}'_m$, c'est-à-dire f' étant donné, quand $\mathcal{B}_m$ aura la plus haute valeur qu'il peut atteindre. Or au maximum de $\mathcal{B}'_m$ correspond celui de W'_F et nous avons vu que cette perte était égale à W_F, nous avons donc :

$$V[af\mathcal{B}^{1,6}_m + bf^2\mathcal{B}^2_m] = V[af'\mathcal{B}'^{1,6}_m + bf'^2\mathcal{B}'^2_m]$$

S'il n'y avait que les pertes par hystérésis, on aurait :

$$f\mathcal{B}^{1,6}_m = f'\mathcal{B}'^{1,6}_m,$$

ou :

$$\frac{f'\mathcal{B}'_m}{f\mathcal{B}_m} = \left(\frac{f'}{f}\right)^{0,4}.$$

S'il n'y avait que les pertes par courants de Foucault, on aurait :

$$\frac{f'\mathcal{B}'_m}{f\mathcal{B}_m} = 1.$$

On peut donc poser d'une façon générale :

$$\frac{f'\mathcal{B}'_m}{f\mathcal{B}_m} = p,$$

p étant une fonction de $\left(\dfrac{f'}{f}\right)$ et aussi des qualités des tôles suivant que l'exposant 1,6 conviendra plus ou moins à la représentation des pertes par hystérésis. La société Westinghouse donne pour ses transformateurs les valeurs suivantes f étant égal à 50 :

f'	p
60	1,15
45	0,95
42	0,92
40	0,90
25	0,60

On a donc :

$$\frac{W_2}{W'_2} = \frac{1}{p}.$$

et

$$\frac{U_1}{U'_1} = \frac{1}{p}.$$

Les pertes étant les mêmes puisque les intensités et les pertes dans le fer sont les mêmes ; si r est le rendement à la fréquence f, ces pertes ont pour valeur :

$$W_2 \frac{(1-r)}{r}.$$

Le rendement à la fréquence f' sera donc :

$$r' = \frac{W'_2}{W'_2 + W_2 \dfrac{(1-r)}{r}} = \frac{pr}{1-r+pr}.$$

Si f' est plus grand que f, p est plus grand que 1, r' est plus grand que r et inversement.

Au lieu de chercher à travailler avec la même perte dans le fer, on peut se proposer de conserver la même induction, ce qui a un certain intérêt au point de vue des déformations des courants. On a alors :

$$\frac{U_1}{U'_1} = \frac{f}{f'}$$

$$\frac{W_2}{W'_2} = \frac{f}{f'}$$

Les pertes dans le fer ne sont plus les mêmes, et leur rapport :

$$\frac{W_F}{W'_F} = \frac{af\mathcal{B}''^{1,6}_m + bf^2\mathcal{B}_m^2}{af'\mathcal{B}''^{1,6}_m + bf'^2\mathcal{B}_m^2}$$

est compris entre $\dfrac{f}{f'}$ et $\dfrac{f^2}{f'^2}$, on pourra donc le représenter par $\left(\dfrac{f}{f'}\right)^q$, $(1 < q < 2)$. Or :

$$W_F = W_j = \frac{1}{2} W_2 \frac{(1-r)}{r}$$

Par suite :

$$r' = \frac{W'_2}{W'_2 + \dfrac{1}{2} W_2 \dfrac{(1-r)}{r} + \dfrac{1}{2} W_2 \dfrac{(1-r)}{r}\left(\dfrac{f}{f'}\right)^q}$$

$$r' = \frac{\dfrac{f'}{f}}{\dfrac{f'}{f} + \dfrac{1-r}{2r}\left[1 + \left(\dfrac{f'}{f}\right)^q\right]}$$

Dans ce cas le rendement à la fréquence f est plus grand qu'à la fréquence f', si f' est lui-même plus grand que f.

Les considérations précédentes sont utiles pour choisir sur un catalogue d'une fabrication faite seulement pour une fréquence f, le transformateur qui permettra d'avoir une puissance donnée sur un réseau de fréquence f'.

Dans le second procédé si f' est plus grand que f, on a $W'_F > W_F$ on risque donc de dépasser les échauffements compatibles avec la construction du transformateur. Dans le premier si f' est plus petit que f on a $\mathcal{B}'_m > \mathcal{B}_m$ on risque donc d'avoir une trop grande induction et par suite une modification trop grande du fonctionnement du transformateur. Cette remarque est à appliquer lorsque l'écart entre f et f' est assez grand.

Dans tous les cas, la tension à appliquer aux bornes varie dans le même rapport que la puissance.

Résumé. — Le rendement d'un transformateur varie avec la charge et passe par un maximum lorsque la perte joule dans les enroulements est égale aux pertes par hystérésis et courants de Foucault.

La meilleure répartition du cuivre dans les enroulements a lieu lorsque la densité du courant y a même valeur, les pertes joules, dans chaque enroulement, sont alors proportionnelles à leur poids de cuivre. Pratiquement poids et pertes sont à peu près égaux.

L'étude du rendement au moyen du diagramme de Kapp donne quelques indications sur la variation du rendement et de la puissance, on ne doit les interpréter qu'avec circonspection, le décalage primaire φ_1 n'y étant figuré que très approximativement.

A égalité de rendement, les puissances sont proportionnelles au poids du fer.

Une même carcasse ou un même transformateur étant employé avec des fréquences différentes, les tensions primaires doivent être dans le même rapport que les puissances.

CHAPITRE V

Auto-transformateur

Fonctionnement. — Dans un auto-transformateur on ne place qu'un seul enroulement sur un circuit magnétique, les extrémités de cet enroulement sont reliées à un des réseaux celui d'alimentation par exemple (fig. 54). Les bornes du secondaire seront une des extrémités A de l'enroulement et un point intermédiaire B_2. Nous désignerons par U_1, U_2 les tensions primaire et secondaire, par n_1 le nombre de spires non communes aux deux circuits, n_2 le nombre de spires entre bornes du secondaire.

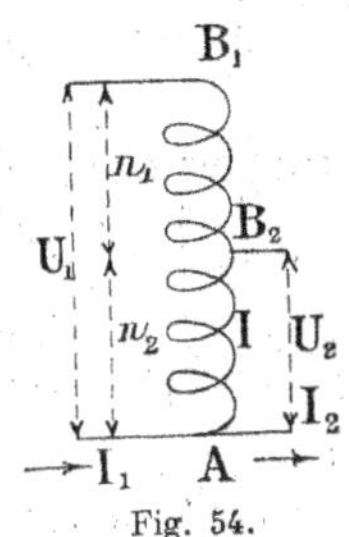

Fig. 54.

Il y a lieu de faire pour les intensités une distinction qui n'existe pas dans les transformateurs ordinaires. Les intensités des courants à l'extérieur des enroulements ne seront pas les mêmes qu'à l'intérieur ; soit I_1 et I_2 les intensités extérieures, il passera dans B_2A un courant d'intensité I tel que :

$$i = i_1 - i_2$$

et dans B_2B, il passera un courant d'intensité I_1.

Les sens de ces intensités sont définis de telle sorte que si i_1 est dirigé vers A, i_2 et i aient des sens s'en éloignant. U_1 et U_2 auront des sens définis en conséquence le sens de l'enroulement n_1 définit les flux positifs.

Deux cas seront à distinguer suivant que les enroulements n_1 et n_2 sont de même sens ou de sens contraire. Soit Φ le flux dans le circuit magnétique, R_1 R_2 les deux résistances ohmiques des enroulements, nous aurons pour les valeurs instantanées, n_1 et n_2 étant de même sens :

$$u_1 = R_1 i_1 + R_2 i + (n_1 + n_2) \frac{d\Phi_i}{dt}$$

$$u_2 = R_2 i + n_2 \frac{d\Phi_i}{dt}$$

En négligeant les chutes ohmiques, le rapport de transformation sera :

$$\frac{u_2}{u_1} = \frac{n_2}{n_1 + n_2}$$

Nous aurons d'autre part :

$$n_1 i_1 + n_2\, i = \frac{\mathcal{R}\Phi_i}{4\pi}$$

Si i_0 est le courant à vide, nous aurions :

$$(n_1 + n_2)\, i_0 = \frac{\mathcal{R}\Phi_i}{4\pi}$$

Remplaçons i par $i_1 - i_2$ et égalons les deux valeurs de $\frac{\mathcal{R}\Phi}{4\pi}$, il vient :

$$(n_1 + n_2)\, i_1 - n_2 i_2 = (n_1 + n_2)\, i_0.$$

D'où en négligeant le courant à vide i_0 :

$$\frac{i_1}{i_2} = \frac{n_2}{n_1 + n_2}$$

on arriverait au même résultat en supposant que c'est le secondaire qui alimente, les ampères-tours seraient alors $i'_0 n_2$ et on aurait :

$$\frac{i_0}{i'_0} = \frac{n_2}{n_1 + n_2}.$$

On en déduit que $i = -\dfrac{i_1 n_1}{n_2}$, i est en opposition avec i_1.

On remarquera qu'on a encore :

$$k = \frac{U_2}{U_1} = \frac{I_1}{I_2} = \frac{n_2}{n_1 + n_1}$$

Le rapport de transformation est égal au rapport des nombres de spires compris entre les bornes des enroulements. De plus ici les courants et les différences de potentiel sont en phase.

Si l'enroulement n_2 est de sens contraire à n_1, les forces électro-motrices induites sont de sens contraire et :

$$u_1 = R_1 i_1 + R_2 i + (n_1 - n_2) \frac{d\Phi_i}{dt}$$

$$u_2 = R_2 i - n_2 \frac{d\Phi_i}{dt}.$$

D'où approximativement :

$$\frac{u_2}{u_1} = \frac{-n_2}{n_1 - n_2}$$

D'autre part avec le sens adopté pour i, ce courant donne naissance à un flux négatif et on a :

$$n_1 i_1 - n_2 i = \frac{\mathcal{R}\Phi_i}{4\pi}.$$

A vide on aura :

$$n_1 i_0 - n_2 i_0 = \frac{\mathcal{R}\Phi_i}{4\pi}.$$

On en déduit :

$$(n_1 - n_2)\, i_1 + n_2 i_2 = (n_1 - n_2)\, i_0.$$

D'où approximativement :

$$\frac{i_1}{i_2} = \frac{-n_2}{n_1 - n_2}$$

$$i = \frac{n_1 i_1}{n_2}$$

et :

$$k = \frac{U_2}{U_1} = \frac{I_1}{I_2} = \frac{n_2}{n_1 - n_2}$$

k est plus grand que 1 dès que n_2 dépasse $\frac{n_1}{2}$.

On voit qu'on passe du premier cas au deuxième en changeant n_2 en $- n_2$, il nous suffira pour avoir des formules générales de supposer que n_2 est positif dans le premier cas, négatif dans le second.

Chute de tension. — Appelons encore $\mathcal{L}'_1$, $\mathcal{L}'_2$ les coefficients de self-induction de fuite des deux circuits, avec la remarque que $\mathcal{L}'_2$

devra être considéré comme négatif en même temps que n_2. Nous aurons :

$$u_1 = R_1 i_1 + R_2 i + (n_1 + n_2)\frac{d\Phi_i}{dt} + \mathcal{L}'_1\frac{di_1}{dt} + \mathcal{L}'_2\frac{di}{dt}$$

$$u_2 = R_2 i + n_2\frac{d\Phi_i}{dt} + \mathcal{L}'_2\frac{di}{dt}$$

Remplaçons i par $i_1 - i_2$, il vient :

$$u_1 = i_1(R_1 + R_2) + (\mathcal{L}'_1 + \mathcal{L}'_2)\frac{di_1}{dt} - R_2 i_2 - \mathcal{L}'_2\frac{di_2}{dt} + (n_1 + n_2)\frac{d\Phi_i}{dt}$$

$$u_2 = R_2 i_1 + \mathcal{L}'_2\frac{di_1}{dt} - R_2 i_2 - \mathcal{L}'_2\frac{di_2}{dt} + n_2\frac{d\Phi_i}{dt}$$

Eliminons $\frac{d\Phi_i}{dt}$ nous aurons :

$$n_2 u_1 - u_2(n_1 + n_2) = i_1\left[R_1 n_2 - R_2 n_1\right] + \left[\mathcal{L}'_1 n_2 - \mathcal{L}'_2 n_1\right]\frac{di_1}{dt} + n_1 R_2 i_2 + n_1 \mathcal{L}'_1\frac{di_2}{dt}$$

Ou en remplaçant i_1 par sa valeur approchée $i_2 \times \dfrac{n_2}{n_1 + n_2}$, on aura :

$$n_2 u_1 - u_2(n_1 + n_2) = \left[R_1\frac{n_2^2}{n_1 + n_2} + R_2\frac{n_1^2}{n_1 + n_2}\right]i_2 + \left[\mathcal{L}'_1\frac{n_2^2}{n_1 + n_2} + \mathcal{L}'_2\frac{n_1^2}{n_1 + n_2}\right]\frac{di_2}{dt}$$

Finalement en remarquant que $\dfrac{u_1 n_2}{n_1 + n_2}$ est la tension secondaire théorique que nous désignerons par e_2, on a :

$$e_2 - u_2 = \frac{R_1 n_2^2 + R_2 n_1^2}{(n_1 + n_2)^2} \times i_2 + \frac{\mathcal{L}'_1 n_2^2 + \mathcal{L}'_2 n_1^2}{(n_1 + n_2)^2}\frac{di_2}{dt} = R''_2 i_2 + \mathcal{L}''_2\frac{di_2}{dt}$$

Si nous avions remplacé i_2 par sa valeur, nous aurions eu en posant :

$$\frac{u_2(n_1 + n_2)}{n_2} = e_1$$

$$u_1 - e_1 = \frac{R_1 n_2^2 + R_2 n_1^2}{n_2^2} i_1 + \frac{\mathcal{L}'_1 n_2^2 + \mathcal{L}'_2 n_1^2}{n_2^2}\frac{di_1}{dt} = R''_1 i_1 + \mathcal{L}''_1\frac{di_1}{dt}$$

Ces équations sont les mêmes que celles du transformateur ordinaire et conduisent à la construction du diagramme de Kapp.

Comparaison d'un auto-transformateur avec un transformateur ordinaire. — Comparons un auto-transformateur à un transformateur ayant même carcasse magnétique, même rapport de transformation, même secondaire et alimenté sous la même tension. Il en résulte que le flux dans le circuit magnétique sera le même. Le transformateur devra avoir au primaire $(n_1 + n_2)$ spires et celui-ci sera parcouru par le même courant que dans l'auto-transformateur, les spires auront donc même section que celles de l'auto-transformateur et la résistance primaire sera :

$$R_1 \times \frac{n_1 + n_2}{n_1}$$

Le flux dans le circuit magnétique étant le même, il en sera ainsi des flux de fuites dont la réluctance constante est en dérivation sur le circuit principal, le flux total de fuites sera proportionnel au nombre des spires et le coefficient de self-induction de fuites du primaire sera :

$$\mathcal{L}'_1 \frac{n_1 + n_2}{n_1}$$

Les résistances et les coefficients de self-induction de fuites ramenées au secondaire seront :

$$R''_{2t} = R_2 + R_1 \frac{n_1 + n_2}{n_1} \times \frac{n_2^2}{n_1^2},$$

$$\mathcal{L}''_{2t} = \mathcal{L}'_2 + \mathcal{L}'_1 \frac{n_1 + n_2}{n_1} \times \frac{n_2^2}{n_1^2}.$$

Comparons aux mêmes quantités R''_{2a}, $\mathcal{L}''_{2a}$ de l'auto-transformateur :

$$R''_{2t} - R''_{2a} = R_2 \frac{(2n_1 + n_2)n_2}{(n_1 + n_2)^2} + R_1 \frac{n_2^3}{n_1^3} \frac{(n_2^2 + 3n_2 n_1 + 3n_1^2)}{(n_1 + n_2)^2}$$

$$\mathcal{L}''_{2t} - \mathcal{L}''_{2a} = \mathcal{L}'_2 \frac{(2n_1 + n_2)n_2}{(n_1 + n_2)^2} + \mathcal{L}'_1 \frac{n_2^3}{n_1^3} \frac{(n_2^2 + 3n_2 n_1 + 3n_1^2)}{(n_1 + n_2)^2}$$

Si n_2 est positif (*auto-transformateur sous-volteur*), R''_{2t} et $\mathcal{L}''_{2t}$ sont plus grands que R''_{2a} et $\mathcal{L}''_{2a}$. Les côtés du triangle fondamental du triangle de Kapp sont plus petits pour l'auto-transformateur que pour le transformateur et par suite les chutes de tension sont moins grandes.

En ramenant la résistance et les fuites au primaire nous aurons :

$$R''_{1t} = R_1 \frac{n_1 + n_2}{n_1} + R_2 \left(\frac{n_1 + n_2}{n_2}\right)^2$$

$$\mathcal{L}''_{1t} = \mathcal{L}'_1 \frac{n_1 + n_2}{n_1} + \mathcal{L}'_2 \left(\frac{n_1 + n_2}{n_2}\right)^2$$

D'où :

$$R''_{1t} - R''_{1a} = R_1 \frac{n_2}{n_1} + R_2 \frac{(2n_1 + n_2)}{n_2}$$

$$\mathcal{L}''_{1t} - \mathcal{L}''_{1a} = \mathcal{L}'_1 \frac{n_2}{n_1} + \mathcal{L}'_2 \frac{2n_1 + n_2}{n_2}$$

Dans ce cas encore, les côtés du triangle de Kapp sont plus petits pour l'auto-transformateur que pour le transformateur, si on alimente par la bobine n_2 (auto-transformateur survolteur) la chute de tension sera moins grande pour l'auto-transformateur que pour le transformateur ordinaire.

On remarquera que dans ce cas il faut changer les signes de i_2 et de i_1 extérieur.

Supposons maintenant qu'ayant un transformateur donné, nous mettions les deux bobines en série, avec enroulements de même sens, le rapport de transformation qui était $\frac{U_2}{U_1} = \frac{n_2}{n_1}$ devient $\frac{n_2}{n_1 + n_2}$. A cause de la section des fils l'enroulement basse tension doit le rester dans l'auto-transformateur, n_1 correspondra donc à la haute tension et on voit que le rapport de cette dernière à la basse tension a augmenté de 1. Si le rapport de transformation est assez grand cela ne sera pas d'un gros bénéfice mais il pourra l'être pour les petits rapports ; I_1 restera le même par suite des considérations de section.

Prenons les côtés du triangle de Kapp, du côté primaire ils conservent les mêmes valeurs, mais si on alimente par la basse tension, la haute tension a cru, la chute absolue restant la même la chute relative a diminué. Du côté secondaire les résistances et coefficients de self réduits sont devenus :

$$\frac{R_1 n_2^2 + R_2 n_1^2}{(n_1 + n_2)^2} \quad \text{au lieu de} \quad \frac{R_1 n_2^2 + R_2 n_1^2}{n_1^2},$$

$$\frac{\mathcal{L}_1 n_2^2 + \mathcal{L}_2 n_2^2}{(n_1 + n_2^2)^2} \quad \text{au lieu de} \quad \frac{\mathcal{L}_1 n_2^2 + \mathcal{L}_2 n_1^2}{n_1^2}.$$

Ils ont donc diminué dans le rapport $\left(\dfrac{n_1}{n_1 + n_2}\right)^2$, la tension U_2 a diminué dans le rapport $\dfrac{n_1}{n_1 + n_2}$ c'est-à-dire moins rapidement si n_2 est positif que les côtés du triangle. La perte relative sera donc moindre.

Dans les deux cas que nous venons d'examiner, nous laissons de côté l'hypothèse $n_2 < 0$ car elle conduit à une discussion où il faut tenir compte des valeurs relatives de $n_1 n_2 R_1 R_2 \mathcal{L}'_1 \mathcal{L}'_2$.

Rendement et puissance. — Ce que nous avons dit pour les rendements et la répartition des pertes dans les transformateurs s'applique évidemment aux auto-transformateurs. Considérons une carcasse et proposons-nous de l'utiliser pour construire un appareil ayant un rapport de transformation K, compté comme rapport de la haute tension U_1 à la basse U_2 ($K > 1$). Le nombre des spires secondaires sera n_2 que l'appareil soit un transformateur ordinaire ou un auto-transformateur, au primaire nous devrons avoir n_1 spires pour l'auto-transformateur, $n_1 + n_2$ pour le transformateur ordinaire. Les spires auront la même longueur moyenne l dans les deux cas. Pour bien utiliser le cuivre nous y admettrons des courants de même densité δ. Soit I_1 le courant dans la bobine fil fin, I dans celle à gros fil, on a :

$$I = \frac{I_1 n_1}{n_2}$$

Le volume de cuivre dans le transformateur sera :

$$V_1 = (n_1 + n_2)\, l\delta I_1 + n_2 l\delta I = l\delta I_1\, (2n_1 + n_2)$$

pour l'auto-transformateur ce sera :

$$V_2 = n_1 l\delta I_1 + n_2 l\delta I = l\delta I_1 \times 2n_1$$

D'où

$$\frac{V_1}{V_2} = \frac{2n_1 + n_2}{2n_1}$$

Or

$$K = \frac{n_1 + n_2}{n_2}$$

d'où

$$n_2 = \frac{n_1}{K - 1}$$

et

$$\frac{V_1}{V} = \frac{K}{K-1}$$

$$V_2 = \frac{K-1}{K} V_1$$

La puissance obtenue sera d'ailleurs la même, I_1 restant le même ainsi que les pertes. Le poids de cuivre de l'auto-transformateur sera plus petit que celui du transformateur ; le gain sera d'autant plus grand que K sera plus voisin de 1. Pour

$$K = 2 \dots \ 1,5 \dots \ 1,25 \dots \ 1,2 \dots$$
$$\frac{V_2}{V_1} = \frac{1}{2} \dots \ \frac{1}{3} \dots \ \frac{1}{5} \dots \ \frac{1}{6} \dots$$

Inversement pour un poids de cuivre donné, on pourra réaliser une puissance plus grande avec un même rapport de transformation et une même tension U_1.

On a en effet pour le transformateur :

$$V_1 = l\delta I_1.(2n_1 + n_2)$$

pour l'auto-transformateur :

$$V_1 = l\delta I_1' \times 2n_1$$

d'où :

$$\frac{I_1'}{I_1} = \frac{2n_1 + n_2}{2n_1} = \frac{K}{K-1}$$

La tension d'alimentation étant la même on a :

$$W_1' = U_1 I_1' = U_1 I_1 \frac{K}{K-1} = W_1 \frac{K}{K-1}$$

Ce résultat est beaucoup plus approximatif que le premier, car la densité à adopter est fonction de I_1 lui-même ; les flux n'étant plus les mêmes on ne peut avoir la même section de carcasse et les longueurs moyennes des spires sont différentes.

Résumé. — En résumé à tous les points de vue du fonctionnement les transformateurs ordinaires seraient inférieurs aux auto-transformateurs. Cette infériorité n'est réelle que pour les rapports de transformation peu différents de 1. Aussitôt que K s'élève les avantages de l'auto-transformateur diminuent, ainsi pour K = 30 :

$$V_2 = 0{,}99\,V_1$$

et la formule est basée sur des données n'ayant pas une approximation de 1 %. Ils ont par contre l'inconvénient que, par suite de court-circuits dans les bobines fil fin, la haute tension peut être appliquée directement dans le circuit basse tension ce qui peut être un grave danger. Les auto-transformateurs trouveront leur place partout où il ne doit pas y avoir de grandes variations de tension.

CHAPITRE VI

Transformateurs polyphasés.

Pour comprendre ce qui se rapporte aux transformateurs polyphasés, il faut connaître la forme générale
adoptée pour les transformateurs monophasés. Afin de réduire au minimum le flux de
dispersion on dispose les bobines formant les
enroulements autour d'un même noyau ou
colonne de fer doux, soit alternativement, soit
concentriquement (fig. 55). Pour diminuer le
volume du fer on compose le transformateur
de deux colonnes identiques et on les réunit

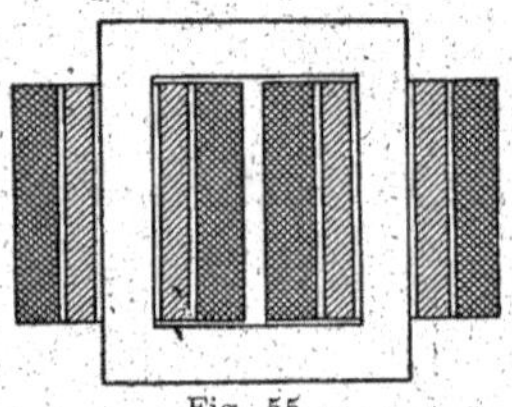

Fig. 55.

entre elles par des culasses de même section que celles des noyaux, en
laissant entre ceux-ci l'espace strictement nécessaire pour loger les
bobinages.

Transformateurs polyphasés. — On peut constituer un transformateur polyphasé à m phases au moyen de m transformateurs
monophasés identiques, fonctionnant chacun sur une phase. Les
primaires pourront être associés en polygone ou en étoile, ainsi que
les secondaires sans qu'il y ait d'ailleurs aucune relation forcée entre
les deux montages. Il faut remarquer que la tension de distribution
de chaque phase primaire et secondaire dépend du mode de montage.
Il n'y a que lorsque les associations sont de même catégorie qu'on
peut définir le rapport de transformation comme celui existant entre
ces deux tensions. Il sera alors égal à celui des transformateurs de
chaque phase.

On peut au lieu de ce dispositif adopter un transformateur unique
comprenant n noyaux identiques autour de chacun desquels on
disposera un enroulement primaire et un secondaire qui seront ceux
d'une des phases.

Les noyaux peuvent être disposés symétriquement les uns par
rapport aux autres (*transformateurs à colonnes symétriques*), ils peuvent

être réunis par deux culasses polygonales (fig. 56), ou bien par deux culasses en forme d'étoile (fig. 57). Si tous les circuits sont équilibrés, les forces magnétomotrices agissant sur les culasses seront couplées en polygone dans le premier cas, en étoile dans le second. Dans les deux cas tout y étant symétrique, les flux dans les noyaux sont poly-

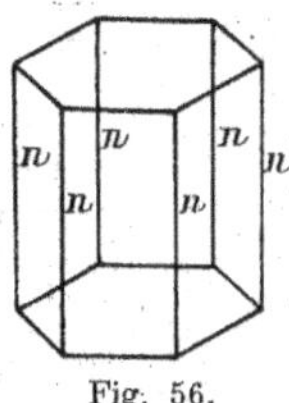

Fig. 56.

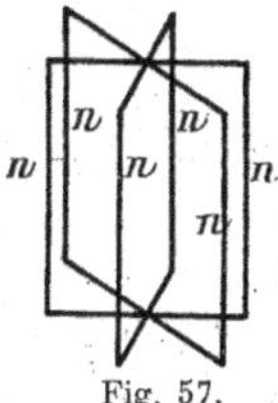

Fig. 57.

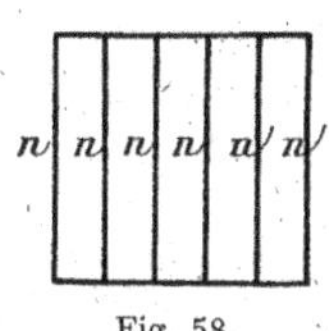

Fig. 58.

phasés et le transformateur n'introduit aucune perturbation dans les différences de phase des réseaux.

On peut disposer les noyaux dans un même plan (fig. 58) et les réunir par une culasse rectiligne. On voit que dans ce cas la disposition des circuits magnétiques ne sera plus la même pour chaque phase, les flux ne seront plus symétriques et il y aura déséquilibrage dans le réseau. Nous allons étudier sommairement les transformateurs triphasés.

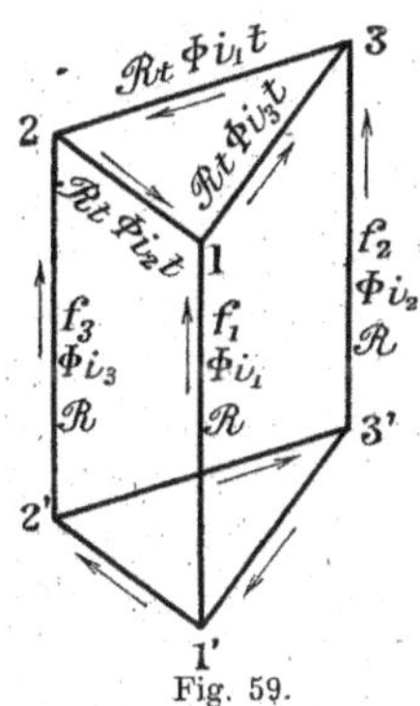

Fig. 59.

Transformateur triphasé symétrique. — La construction d'une culasse étoilée n'est pas pratique à moins de la faire non feuilletée, mais alors les pertes par courant de Foucault seraient considérables. La culasse forme donc toujours triangle (fig. 59).

Soit $\mathcal{R}$ la réluctance de chaque noyau, $\mathcal{R}_t$ celle de chaque côté du triangle, $\mathscr{F}$ les forces magnétomotrices efficaces dans chaque enroulement, f_1, f_2, f_3 leurs valeurs instantanées; Φ les flux efficaces dans chaque noyau, $\Phi_{i1}, \Phi_{i2}, \Phi_{i3}$ leurs valeurs instantanées ; $\Phi_t, \Phi_{i1t}, \Phi_{i2t}, \Phi_{i3t}$ les mêmes quantités pour les côtés du triangle. Les sens positifs des flux et des forces magnétomotrices étant ceux indiqués par les flèches, on a évidemment :

$$\Phi_{i1} = \Phi_{i3t} - \Phi_{i2t}$$

Les flux étant tous triphasés, on doit donc avoir :

$$\Phi = \Phi_t \sqrt{3},$$

Pour que le fer travaille partout avec la même induction, les sections S_t des culasses devront donc être égales à celle S des noyaux divisée par $\sqrt{3}$:

$$S_t = \frac{S}{\sqrt{3}} = \frac{S\sqrt{3}}{3} = 0,57\,S$$

Ordinairement on ne suit pas cette condition et on prend au contraire $S_t = 1,5\,S$. L'induction dans les culasses sera :

$$\mathcal{B}_t = \frac{\Phi_t}{S_t} = \frac{\Phi}{1,5\,S_n \times \sqrt{3}} = \frac{\mathcal{B}}{2,60}$$

La réluctance des côtés du triangle sera donc très faible.

La loi d'Ohm appliquée au circuit 233'2' nous donne :

$$f_2 - f_3 = \mathcal{R}\,(\Phi_{i_2} - \Phi_{i3}) + 2\mathcal{R}_t\Phi_{iit}.$$

Or :

$$\Phi_{i_2} - \Phi_{i3} = \Phi_{iit} - \Phi_{i3t} - (\Phi_{i_2t} - \Phi_{i_1t}) = 3\Phi_{iit}$$

la somme des trois flux triphasés étant nulle. On a donc :

$$f_2 - f_3 = [3\mathcal{R} + 2\mathcal{R}_i]\,\Phi_{iit}.$$

D'où :

$$\Phi_t = \frac{\mathcal{F}\sqrt{3}}{3\mathcal{R} + 2\mathcal{R}_t}$$

et :

$$\Phi_n = \Phi_t\sqrt{3} = \frac{3\mathcal{F}}{3\mathcal{R} + 2\mathcal{R}_t} = \frac{\mathcal{F}}{\mathcal{R} + \frac{2}{3}\mathcal{R}_t}$$

$\mathcal{R} + \frac{2}{3}\mathcal{R}_t$ est donc la réluctance qu'il faut prendre pour chacun des transformateurs constitué par les enroulements d'un même noyau, et auquel s'appliquera exactement la théorie du transformateur monophasé.

Transformateur triphasé à noyaux dans un même plan. — Dans ce cas (fig. 60) il n'y a plus symétrie pour les trois phases. Soit $\mathcal{R}$ la réluctance d'un des noyaux, $\mathcal{R}_c$ celle des portions de culasse comprises entre les noyaux ; Φ_1, Φ_2, Φ_3 ; $\Phi_{i1}, \Phi_{i2}, \Phi_{i3}$ les valeurs efficaces et instantanées du flux dans les noyaux ; $\mathcal{F}_1, \mathcal{F}_2, \mathcal{F}_3, \mathfrak{f}_1, \mathfrak{f}_2, \mathfrak{f}_3$ les valeurs efficaces et instantanées des forces magnétomotrices ; les flux dans les culasses sont respectivement Φ_1 et Φ_3. A la chute ohmique près, les flux sont proportionnels aux tensions appliquées aux bornes des primaires et décalés de $\frac{\pi}{2}$ sur celles-ci ; ils sont donc triphasés en admettant que la tension aux bornes le soit malgré les perturbations.

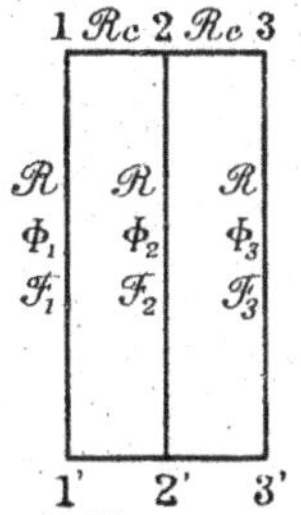

$$\Phi_1 = \Phi_2 = \Phi_3 = \Phi$$

Appliquons la loi d'Ohm aux deux circuits $122'1'$, $233'2'$, il vient :

$$
\begin{aligned}
\mathfrak{f}_1 - \mathfrak{f}_2 &= (\mathcal{R} + 2\mathcal{R}_c)\,\Phi_{i1} - \mathcal{R}\,\Phi_{i_2} \\
\mathfrak{f}_3 - \mathfrak{f}_2 &= (\mathcal{R} + 2\mathcal{R}_c)\,\Phi_{i3} - \mathcal{R}\,\Phi_{i_2}
\end{aligned}
\qquad \Big\} \, A
$$

Les forces magnétomotrices sont proportionnelles aux intensités des courants :

$$\mathfrak{f}_1 = 4\pi n_1 i_{11} + 4\pi n_2 i_{12},$$

$$\mathfrak{f}_2 = 4\pi n_1 i_{21} + 4\pi n_2 i_{22},$$

$$\mathfrak{f}_3 = 4\pi n_1 i_{31} + 4\pi n_1 i_{32}.$$

Or on a toujours :

$$i_{11} + i_{21} + i_{31} = 0,$$

$$i_{12} + i_{22} + i_{32} = 0,$$

et par suite :

$$\mathfrak{f}_1 + \mathfrak{f}_2 + \mathfrak{f}_3 = 0$$

De (A) nous tirons :

$$\mathfrak{f}_1 + \mathfrak{f}_3 - 2\mathfrak{f}_2 = (\mathcal{R} + 2\mathcal{R}_c)\,(\Phi_{i1} + \Phi_{i3}) - 2\mathcal{R}_n\Phi_{i2}$$

ou :

$$3\mathfrak{f}_2 = (3\mathcal{R} + 2\mathcal{R}_c)\,\Phi_{i_2}$$

et par suite :

$$\mathfrak{f}_1 = (\mathcal{R} + 2\mathcal{R}_c)\,\Phi_{i_2} + \frac{2\mathcal{R}_c}{3}\,\Phi_i{}^{1}.$$

$$\mathfrak{f}_3 = (\mathcal{R} + 2\mathcal{R}_c)\,\Phi_{i2} + \frac{2\mathcal{R}_c}{3}\,\Phi_{i3}.$$

On voit que f_2 est en phase avec Φ_{i2} et aura pour valeur efficace :

$$\mathscr{F}_2 = \Phi\left(\mathscr{R} + \frac{2}{3}\mathscr{R}_2\right).$$

Construisons graphiquement les autres forces magnétomotrices efficaces (fig. 61), pour cela menons les trois vecteurs O1, O2, O3 décalés de 120° et égaux à Φ, nous aurons immédiatement en OB sur O2 la valeur de $\mathscr{F}_2$. Prenons sur O1 et sur O3, OD et OE égaux à $(\mathscr{R}_n + 2\mathscr{R}_c)\,\Phi$ et sur O2, $OF = \frac{2}{3}$ $R_c\Phi$, composons OF avec OD nous aurons

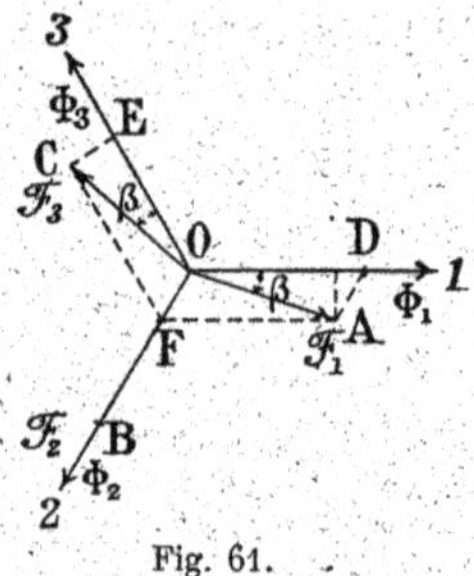

Fig. 61.

$OA = \mathscr{F}_1$, OF avec OE nous donnera $\mathscr{F}_3$ en OC. On voit immédiatement que $\mathscr{F}_1 = \mathscr{F}_3$. Leur valeur sera donnée par le triangle OAD où on a :

$$\overline{OA}^2 = \overline{OD}^2 + \overline{DA}^2 - 2\,\overline{OD}.\overline{DA}\cos 60°.$$

$$\mathscr{F}_1{}^2 = \mathscr{F}_3{}^2 = \Phi^2\left[(\mathscr{R} + 2\mathscr{R}_c)^2 + \left(\frac{2}{3}\mathscr{R}_c\right)^2 - \frac{2(\mathscr{R} + 2\mathscr{R}_c)\,\mathscr{R}_c}{3}\right]$$

$$= \Phi^2\left[(\mathscr{R} + \frac{5}{3}\mathscr{R}_c)^2 + \frac{\mathscr{R}_c{}^2}{3}\right].$$

D'où on déduit :

$$\mathscr{F}_1 > \mathscr{F}_2.$$

En outre $\mathscr{F}_1$ est décalé en arrière de Φ_1 d'un certain angle β qu'il serait facile de calculer, et $\mathscr{F}_3$ avance au contraire du même angle β sur le flux qu'elle engendre.

Si nous passons à la marche à vide, les f.m.m. sont proportionnelles aux intensités des courants et en phases avec elles.

$$\mathscr{F} = 4\pi n I_0.$$

I_{01} sera donc égal à I_{03} et tous deux plus grands que I_{02}. Cette dernière intensité est en phase avec son flux et par suite fait avec la tension appliquée aux bornes un angle égal à $\frac{\pi}{2}$, la puissance réelle absorbée par cet enroulement à vide sera donc nulle. Mais I_{01} sera décalé de

$\frac{\pi}{2} + \beta$ sur la tension primaire et I_{02} de $\frac{\pi}{2} - \beta$, il y aura donc absorption de puissance réelle qui sera :

$$
\begin{array}{ll}
\text{Pour la phase 1} & -\ UI \sin \beta. \\
\text{Pour la phase 3} & +\ UI \sin \beta. \\
\text{Au total} & \text{Zéro.}
\end{array}
$$

La puissance absorbée au total serait donc nulle, mais en réalité il faut tenir compte des pertes par hystérésis et courants de Foucault qui ont pour effet de faire avancer l'intensité sur le flux d'un angle α. Nous aurons alors pour les puissances à vide :

$$\text{Première phase } W_1 = U_1 I_{01} \cos \left(\frac{\pi}{2} + \beta - \alpha\right) = U_1 I_{01} \sin (\alpha - \beta) \ ;$$

$$\text{Deuxième phase } W = U_1 I_{02} \cos \left(\frac{\pi}{2} - \alpha\right) = U_1 I_{02} \sin \alpha \ ;$$

$$\text{Troisième phase } W = U_1 I_{0_3} \cos \left(\frac{\pi}{2} - \alpha - \beta\right) = U_1 I_{01} \sin (\alpha + \beta).$$

D'où la puissance totale absorbée dans le fer :

$$W_F = U_1 I_{02} \sin \alpha + 2 U_1 I_{01} \sin \alpha \cos \beta.$$

Mais le triangle OAD nous donne :

$$\overline{OA} \cos \beta = \overline{OD} - \overline{DA} \cos 60^{\circ} = \overline{OD} - \frac{\overline{DA}}{2}$$

ou :

$$\mathcal{F}_1 \cos \beta = (\mathcal{R} + 2\mathcal{R}_c) \Phi - \frac{1}{3} \mathcal{R}_c \Phi$$

$$\left(= \mathcal{R} + \frac{5}{3} \mathcal{R}_c \right) \Phi$$

D'où :

$$\mathcal{F}_1 \cos \beta = \mathcal{F}_2 + \mathcal{R}_c \Phi = \mathcal{F}_2 \left[1 + \frac{3\mathcal{R}_c}{3\mathcal{R} + 2\mathcal{R}_c} \right],$$

d'où en passant aux intensités à vide :

$$I_{01} \cos \beta = I_{02} \left[1 + \frac{3\,\mathcal{R}_c}{3\mathcal{R} + 2\mathcal{R}_c} \right]$$

On en déduit :

$$W_F = 3U_1 I_{02} \sin \alpha \left[1 + \frac{3\mathcal{R}_c}{3\mathcal{R}_n + 2\mathcal{R}_c} \right].$$

L'expression de W_2 nous montre que la colonne du milieu fonctionne absolument comme dans le cas du transformateur symétrique où la perte serait :

$$3U_1 I_{02} \sin \alpha.$$

En charge les forces magnétomotrices seront toujours différentes, mais le courant de charge triphasé étant grand devant le courant à vide la dissymétrie relative diminuera beaucoup et disparaîtra même pratiquement.

Dans tous les cas on rendra cette dissymétrie aussi faible que possible en réduisant la réluctance $\mathcal{R}_c$. Pour cela on donnera aux culasses une section plus grande qu'aux noyaux, en général on prend $S_c = 1{,}5\,S$.

Si $\mathcal{R} = 2\,\mathcal{R}c$, on aura :

$$\mathcal{F}_1 = \mathcal{F}_3 = \frac{11{,}14\,\mathcal{R}c}{3}\Phi \qquad\qquad \mathcal{F}_2 = \frac{8\,\mathcal{R}c}{3}\Phi, \; \frac{\mathcal{F}_1}{\mathcal{F}_2} = 1{,}39,$$

augmentation relative de puissance à vide 0,375.

Si $\mathcal{R} = 4\,\mathcal{R}c$:

$$\mathcal{F}_1 = \mathcal{F}_3 = \frac{17{,}08\,\mathcal{R}c}{3}\Phi \qquad\qquad \mathcal{F}_2 = \frac{14\,\mathcal{R}c}{3}\Phi, \; \frac{\mathcal{F}_1}{\mathcal{F}_2} = 1{,}22,$$

augmentation relative de puissance à vide 0,21.

Il y a donc à tenir compte de cette dissymétrie dans les calculs ou les mesures relatives au fonctionnement à vide.

Remarquons que nous avons supposé que les flux dans les noyaux se suivaient dans l'ordre naturel de rotation des phases. S'il n'en était pas ainsi et que le flux dans la colonne 1 soit en retard sur celui dans la colonne 2, les résultats précédents s'inverseraient et nous aurions alors une absorption de puissance plus grande dans la colonne 1 que dans 2 et que dans 3. Mais la puissance totale sera toujours la même.

La dissymétrie sera encore augmentée par le fait des imperfections de construction qui font qu'il n'y a pas égalité de réluctance pour les noyaux ni pour les portions de culasse.

M. W. Genkin (1) cite l'exemple suivant :

Transformateur de 200 k.v.a. 5.500/440 volts, $f = 25$.

Succession des phases dans un sens

	Phase 1	Phase 2	Phase 3
Pertes.	150 w.	392 w.	640 w.
Ampères à vide...	6,1	5,1	7,1
Cos φ à vide......	0,088	0,298	0,349

Succession des phases dans l'autre sens

Pertes.	740 w.	237 w.	200 w.
Ampères à vide...	6.6	5,1	7,1
Cos φ.	0,435	0,180	0.109

Comparaison entre les transformateurs triphasés et un système de trois transformateurs. — Pour faire travailler le fer à la même induction, nous aurons même section pour les noyaux quel que soit le type adopté. Les bobinages pour chaque phase seront faits avec le même nombre de spires (les tensions étant les mêmes), la même surface extérieure qui correspond à la dissipation des pertes joules supposées les mêmes dans tous les cas..., ils auront donc même hauteur et même diamètre total. Il en sera ainsi pour les noyaux qu'ils soient uniques pour chaque phase comme c'est le cas des transformateurs triphasés, ou divisés en deux comme dans le cas du transformateur monophasé par phase. Les pertes dans le fer seront donc les mêmes dans les noyaux quelle que soit la disposition adoptée.

Voyons ce qui se passe pour les culasses, leur longueur partielle est la distance d'axe en axe des noyaux déterminée par la condition de loger les bobines placées sur eux en laissant le jeu nécessaire, cette longueur l sera donc la même pour tous les types.

Avec un transformateur par phase la section s est la même pour la culasse et les noyaux comme nous avons deux culasses par transformateur et trois transformateurs le volume total sera :

$$V_c = 6ls.$$

<hr>

(1) W. Genkin. — *Sur la marche à vide d'un transformateur triphasé asymétrique.* La lumière électrique, tome XV (2e série), page 35.

Dans le transformateur triphasé symétrique, nous avons encore six culasses partielles, mais pour avoir une même induction que dans les noyaux il suffit qu'on ait une section $\dfrac{S\sqrt{3}}{3}$, d'où :

$$V_{sc} = 6l\,\frac{S\sqrt{3}}{3} = 2lS\sqrt{3}.$$

Enfin dans le transformateur plan la section des culasses est égale à celle des noyaux et on a quatre culasses partielles, d'où :

$$V_{pc} = 4lS.$$

On a donc :

$$V_c < V_{pc} < V_{sc}.$$

C'est donc le transformateur symétrique qui donne le poids moindre de fer et qui a par suite le moins de pertes par hystérésis et courants de Foucault, puis ensuite le transformateur à noyaux dans un même plan.

Nous avons dit qu'on adoptait pour les transformateurs triphasés une section de culasse égale à 1,5 celle des noyaux, en tenant compte de cela on aurait :

$$V_{sc} = 9lS,$$

et :

$$V_{pc} = 6lS.$$

Mais l'induction maxima étant $\mathcal{B}_m$ dans les noyaux, la puissance perdue dans le fer pour les culasses dans le cas d'un transformateur par phase sera :

$$W_{Fc} = 6lS\,(a\mathcal{B}^{1,6}_m + b\mathcal{B}^2_m).$$

Pour le transformateur symétrique, l'induction sera $\dfrac{\Phi_m}{1,5S\sqrt{3}} = \dfrac{2\mathcal{B}_m}{3\sqrt{3}}$ d'où la perte :

$$W_{Fsc} = 9lS\left[\, a\mathcal{B}^{1,6}_m \times \left(\frac{2}{3\sqrt{3}}\right)^{1,6} + b\,\frac{4\mathcal{B}_m^2}{27}\right]$$

Pour le transformateur plan l'induction maxima sera $\dfrac{2}{3}\,\mathcal{B}_m$ et

$$W_{Fpc} = 6lS\left[\, a\left(\frac{2\mathcal{B}_m}{3}\right)^{1,6} + b\,\frac{4\mathcal{B}_m^2}{9}\right].$$

Le rapport à la puissance perdue dans les trois transformateurs monophasés est pour le transformateur symétrique :

$$\frac{W_{Fsc}}{W_{Fc}} = \frac{\frac{3}{2}\left[a\mathcal{B}^{1,6}{}_m \left(\frac{2}{3\sqrt{3}}\right)^{1,6} + b\,\frac{4\mathcal{B}_m{}^2}{27} \right]}{2\left(a\mathcal{B}^{1,6}{}_m + b\mathcal{B}^2{}_m\right)}$$

Compris entre 0,30 et 0,33, avec inductions égales, ce rapport était $\frac{\sqrt{3}}{3} = 0{,}57$. Pour le transformateur plan on aura :

$$\frac{W_{Fpc}}{W_{Fc}} = \frac{a\mathcal{B}^{1,6}{}_m\left(\frac{2}{3}\right)^{1,6} + b \times \frac{4\mathcal{B}^2{}_m}{9}}{a\mathcal{B}^{1,6}{}_m + b \times \mathcal{B}_{2m}}$$

compris entre 0,52 et 0,44 alors qu'avec inductions égales il était 0,66. On a donc de toute façon économie par suite de diminution des pertes dans le fer.

Cette économie n'a d'importance que si les pertes dans les culasses sont assez grandes pour influer sur les pertes totales, ce sera le cas des transformateurs de faible puissance. Mais à mesure que la puissance totale augmente le transformateur croît surtout en hauteur et par suite le volume des culasses varie peu, l'importance des pertes dans celles-ci est donc de plus en plus faible et elles deviennent négligeables devant les pertes dans les noyaux de sorte que pour les grosses puissances, il n'y a aucun intérêt à ce point de vue à employer tel ou tel mode. La disposition symétrique entraîne des difficultés de construction qui lui font préférer celle à noyaux dans le même plan. Même à égalité du poids du fer et des pertes, les transformateurs triphasés donnent lieu à moins d'encombrement et à plus de facilité pour l'ensemble des dispositions à prendre que l'emploi de trois transformateurs distincts.

Connections des enroulements. — Qu'on ait à faire à un transformateur triphasé ou à un ensemble de trois transformateurs monophasés les enroulements primaire et secondaire peuvent être connectés entre eux en étoile ou en triangle. Il y a lieu d'étudier les avantages et les inconvénients pouvant résulter du mode de couplage adopté tant au point de vue de la construction de l'appareil que du fonctionnement des réseaux primaire et secondaire.

U étant la tension entre fils de distribution, I l'intensité du courant dans chacun d'eux, la puissance totale est $UI\sqrt{3}$. Si nous connectons en étoile la tension entre extrémités des enroulements de chaque phase sera $\dfrac{U}{\sqrt{3}}$ et le courant aura pour intensité dans chacune d'elles I.

Dans la connexion en triangle la tension sera U et l'intensité $\dfrac{I}{\sqrt{3}}$. L'induction et la section du fer étant données, nous aurons pour la connexion étoile un nombre de spires égal à celui de celles du cas triangle divisé par $\sqrt{3}$. Par contre la section du fil devra être plus grande dans le premier cas que dans le second. Mais la tension étant plus élevée dans le second cas, le fil devra avoir une couche d'isolant plus forte ce qui ramène son encombrement à être à peu près le même dans les deux systèmes et même plus grand dans le cas du triangle si l'intensité est faible. Comme on donnera à peu près la même surface aux bobines pour avoir les mêmes facilités de dissipation de l'énergie on aura donc une plus grande hauteur de noyau dans le cas de l'enroulement triangle que dans celui de l'étoile et par suite une perte dans le fer plus grande. En théorie la connexion étoilée est la plus avantageuse et pratiquement en fabrication courante les transformateurs triphasés de petites et moyennes puissances sont bobinés en étoile.

Au point de vue de l'alimentation du réseau les montages en triangle ont l'avantage de permettre de continuer de fonctionner sans perturbation dans le réseau récepteur lorsqu'une des phases ne marche plus. Dans le cas de l'étoile une phase n'est plus alimentée. Néanmoins dans le cas des transformateurs triphasés s'il n'y a qu'un des enroulements d'une phase de brûlé, les flux produits par les enroulements des autres phases passeront dans le noyau de la première et y induiront du courant. De même dans un transport de force avec transformateurs triphasés, une phase pourra être supprimée sur un transformateur et l'installation continuer à fonctionner. Il y aura bien entendu perturbation plus ou moins grande suivant les autres conditions de fonctionnement.

Avec trois transformateurs monophasés il suffit d'un appareil de réserve car il est rare d'avoir plus d'une phase avariée ; pour un transformateur triphasé il faut un appareil complet de rechange.

La mise à la terre du point neutre donne lieu aux mêmes considérations que pour les alternateurs dans les distributions d'énergie.

Résumé. — Dans la pratique on emploie pour les petites et les moyennes puissances des transformateurs triphasés à enroulements connectés en étoile. En première approximation on les traitera comme s'ils étaient symétriques. Pour les grosses puissances on emploie souvent des transformateurs monophasés dont on connecte les primaires et les secondaires de façon la plus convenable pour le mode d'exploitation du réseau.

CHAPITRE VII

Établissement du régime dans les transformateurs

Solution générale des équations de fonctionnement. — Ces équations sont :

$$u_1 = R_1 i_1 + \mathcal{L}_1 \frac{di_1}{dt} + \mathfrak{M} \frac{di_2}{dt},$$
$$0 = (R + R_2) i_2 + (\mathcal{L} + \mathcal{L}_2) \frac{di_2}{dt} + \mathfrak{M} \frac{di_1}{dt}. \qquad \Big\} \; (1)$$

Nous supposerons que la tension u_1 est sinusoïdale et que sa valeur efficace est constante et nous admettrons que R_1, R_2, $\mathcal{L}_1$, $\mathcal{L}_2$, $\mathfrak{M}$, R, $\mathcal{L}$ sont constants. Nous savons que pour avoir la solution générale de ces équations linéaires à coefficients constants, il faut ajouter à une solution particulière, celles des équations sans second membre :

$$R_1 i_1 + \mathcal{L}_1 \frac{di_1}{dt} + \mathfrak{M} \frac{di_2}{dt} = 0,$$
$$(R + R_2) i_2 + (\mathcal{L} + \mathcal{L}_2) \frac{di_2}{dt} + \mathfrak{M} \frac{di_1}{dt} = 0. \qquad \Big\} \; (2)$$

Ces solutions sont de la forme :

$$i_1 = \lambda e^{xt}.$$
$$i_2 = \mu e^{xt}.$$

Substituons dans (2) il vient :

$$\lambda (R_1 + \mathcal{L}_1 x) + \mu \mathfrak{M} x = 0$$
$$\lambda \mathfrak{M} x + \mu [(R + R_2) + (\mathcal{L} + \mathcal{L}_2) x] = 0 \qquad \Big\} \; (3)$$

D'où la condition de compatibilité :

$$x^2 [\mathcal{L}_1 (\mathcal{L} + \mathcal{L}_2) - \mathfrak{M}^2] + x [R_1 (\mathcal{L} + \mathcal{L}_2) + \mathcal{L}_1 (R + R_2)] + R_1 (R + R_2) = 0 \quad (4)$$

Nous en tirons :

$$\left.\begin{aligned}
x_1 &= \frac{-[R_1(\mathcal{L}+\mathcal{L}_2)+\mathcal{L}_1(R+R_2)] + \sqrt{[R_1(\mathcal{L}+\mathcal{L}_2)-\mathcal{L}_1(R+R_2)]^2 + 4\mathfrak{M}^2 R_1(R+R_2)}}{2[\mathcal{L}_1(\mathcal{L}+\mathcal{L}_2)-\mathfrak{M}^2]} \\[2ex]
x_2 &= \frac{-[R_1(\mathcal{L}+\mathcal{L}_2)+\mathcal{L}_1(R+R_2)] - \sqrt{[R_1(\mathcal{L}+\mathcal{L}_2)-\mathcal{L}_1(R+R_2)]^2 + 4\mathfrak{M}^2 R_1(R+R_2)}}{2[\mathcal{L}_1(\mathcal{L}+\mathcal{L}_2)-\mathfrak{M}_2]}
\end{aligned}\right\} \quad (5)$$

x ayant une de ces deux valeurs les équations (3) se réduisent à :

$$\frac{\mu}{R_1 + \mathcal{L}_1 x} = \frac{\lambda}{\mathfrak{M}x}$$

La solution générale des équations (2) est donc de la forme :

$$i_1 = \mathfrak{M}\,[A_1 x_1 e^{x_2 t} + A_2 x_2 e^{x_1 t}]$$
$$i_2 = -\,[A_1(R_1 + \mathcal{L}_1 x_1)e^{x_2 t} + A_2(R_1 + \mathcal{L}_1 x_2)e^{x_1 t}]$$

A_1 et A_2 étant des constantes arbitraires.

Comme solution particulière du système (1) nous prendrons celle que nous avons trouvée au chapitre III en supposant *à priori* les courants sinusoïdaux et décomposant le courant primaire à vide et courant de charge. C'est-à-dire en posant :

$$u_1 = U_{1.m}\sin(\omega t - \xi)$$
$$i_1 = i_0 + i'_1$$

avec :

$$i_0 = I_{0m}\sin(\omega t - \xi - \varphi_0),$$
$$i_1 = I'_{1.m}\sin(\omega t - \xi - \varphi'_1),$$

et

$$i_2 = I_{2m}\sin(\omega t - \xi - \varphi'_2).$$

Les valeurs maxima de i_0, i'_1, i_1 et leurs décalages φ_0, φ'_1, φ'_2 sur u_1 ayant les expressions trouvées précédemment. La solution générale des équations (1) est donc :

$$i_1 = I_{0m}\sin(\omega t - \xi - \varphi_0) + I'_{1m}\sin(\omega t - \xi - \varphi'_1) + \mathfrak{M}\,[A_1 x_1 e^{x_2 t} + A_2 r_2 e^{x_1 t}]$$
$$i_2 = I_{2m}\sin(\omega t - \xi - \varphi'_2) - A_1(R_1 + \mathcal{L}_1 x_1)e^{x_2 t} - A_2(R_1 + \mathcal{L}_1 x_2)e^{x_1 t}$$

Nous aurons les valeurs des constantes A_1 et A_2 en écrivant qu'au temps zéro i_1 a la valeur $i_{00} + i'_{01}$ et i_2 la valeur i_{02}. Ce qui donne :

$$\left.\begin{aligned}
\mathfrak{M}A_1 x_1 + \mathfrak{M}A_2 x_2 &= i_{00} + i'_{01} + I_{0m}\sin(\xi + \varphi_0) + I'_{1m}\sin(\xi + \varphi'_1) \\
(R_1 + \mathcal{L}_1 x_1)A_1 + (R_1 + \mathcal{L}_1 x_2)A_2 &= -[i_{02} + I_{2m}\sin(\xi + \varphi'_2)]
\end{aligned}\right\} \quad (6)$$

Les valeurs x_1, x_2 sont toujours réelles et négatives, les termes exponentiels ne peuvent donc jamais se mettre sous forme sinusoïdale. A_1 et A_2 ne peuvent pas être tous deux nuls, car d'après les valeurs de φ_0, φ'_1, φ'_2 les trois sinus ne peuvent être nuls à la fois. Il y a donc toujours une période d'établissement du courant dont la valeur ne pourra être considérée comme sinusoïdale qu'au bout d'un temps plus ou moins long suivant les valeurs de x_1, x_2, A_1, A_2. Pour pouvoir pousser plus loin la discussion, nous allons simplifier les expressions en prenant pour x_1 et x_2 des valeurs approchées.

Expressions simplifiées de i_1 et i_2. — Substituons $-\dfrac{R_1}{\mathcal{L}_1}$ à x dans l'équation (4) nous trouvons comme résultat $-\mathcal{M}^2\dfrac{R_1^2}{\mathcal{L}_1^2}$ valeur très petite de sorte que nous pouvons prendre comme solution approchée :

$$x_1 = -\frac{R_1}{\mathcal{L}_1}$$

L'autre racine sera alors :

$$x_2 = \frac{\dfrac{R_1(R + R_2)}{\mathcal{L}_1(\mathcal{L} + \mathcal{L}_2) - \mathcal{M}^2}}{-\dfrac{R_1}{\mathcal{L}_1}} = -\frac{(R + R_2)\,\mathcal{L}_1}{\mathcal{L}_1(\mathcal{L} + \mathcal{L}_2) - \mathcal{M}^2}.$$

Comme :

$$\mathcal{L}_1\mathcal{L}_2 - \mathcal{M}^2 = \sigma\mathcal{L}_1\mathcal{L}_2,$$

nous aurons :

$$x_2 = -\frac{R + R_2}{\mathcal{L} + \sigma\mathcal{L}_2} = -\frac{R + R_2}{\mathcal{L} + \mathcal{L}''_2}.$$

Les équations (6) se réduisent à :

$$-\mathcal{M}\frac{R_1}{\mathcal{L}_1}A_1 - \mathcal{M}\frac{R + R_2}{\mathcal{L} + \mathcal{L}''_2}A_2 = i_{00} + i'_{01} + I_{0m}\sin(\xi + \varphi_0) + I'_{1m}\sin(\xi + \varphi_1),$$

$$[R_1 + \mathcal{L}_1 x_2]A_2 = \left[R_1 - \mathcal{L}_1\frac{R + R_2}{\mathcal{L} + \mathcal{L}''_2}\right]A_2 = -\left[i_{02} + I_{2m}\sin(\xi + \varphi'_2)\right]$$

On en tire :

$$A_2 = -\frac{[i_{02} + I_{2m}\sin(\xi + \varphi'_2)][\mathcal{L} + \mathcal{L}''_2]}{R_1(\mathcal{L} + \mathcal{L}''_2) - \mathcal{L}_1(R + R_2)}$$

et :

$$-\mathcal{M}A_1\frac{R_1}{\mathcal{L}_1} = i_{00} + i'_{01} + I_{0m}\sin(\xi + \varphi_0) + I'_{1m}\sin(\xi + \varphi'_1)$$

$$-\frac{\mathcal{M}(R + R_2)[i_{02} + I_{2m}\sin(\xi + \varphi'_2)]}{R_1(\mathcal{L} + \mathcal{L}''_2) - \mathcal{L}_1(R + R_2)}$$

La valeur du courant secondaire sera donc :

$$i_2 = \mathrm{I}_{2m} \sin(\omega t - \xi - \varphi'_2) + \left[i_{02} + \mathrm{I}_{2m} \sin(\xi + \varphi'_2) \right] e^{-\frac{\mathrm{R} + \mathrm{R}_2}{\mathcal{L} + \mathcal{L}''_2} t} \qquad (\mathrm{A})$$

En supposant que $-\dfrac{\mathrm{R}_1}{\mathcal{L}_1}$ était racine nous avons admis que R_1 était très petit, R_2 diffère donc peu de R''_2 et $e^{-\frac{\mathrm{R} + \mathrm{R}_2}{\mathcal{L} + \mathcal{L}''_2} t} \eqsim e^{-\frac{\mathrm{R} + \mathrm{R}''_2}{\mathcal{L} + \mathcal{L}''_2} t}$ Nous savons que le courant I_2 est celui que produirait la tension $k\mathrm{U}_1$ dans un circuit de résistance $\mathrm{R} + \mathrm{R}''_2$ et de self $\mathcal{L} + \mathcal{L}''_2$, le terme correspondant à la période d'établissement est aussi le même. L'étude de l'établissement du courant secondaire se fera donc comme dans le cas d'un circuit ordinaire.

L'intensité primaire nous est donnée par :

$$i_1 = \mathrm{I}_{0m} \sin(\omega t - \xi - \varphi_0) + \mathrm{I}'_{1m} \sin(\omega t - \xi - \varphi'_1) + \left[i_{00} + \mathrm{I}_{0m} \sin(\xi + \rho_0) \right] e^{-\frac{\mathrm{R}_1}{\mathcal{L}_1} t}$$

$$+ \left[i'_{01} + \mathrm{I}'_{1m} \sin(\xi + \varphi') - \frac{\mathfrak{M}(\mathrm{R} + \mathrm{R}_2)(i_{02} + \mathrm{I}_{2m} \sin(\xi + \varphi'_2)}{\mathrm{R}_1(\mathcal{L} + \mathcal{L}''_2) - \mathcal{L}_1(\mathrm{R} + \mathrm{R}_2)} \right] e^{-\frac{\mathrm{R}_1}{\mathcal{L}_1} t}$$

$$- \frac{\mathfrak{M}(\mathrm{R} + \mathrm{R}_2)(i_{02} + \mathrm{I}_{2m} \sin(\xi + \varphi'_2)}{\mathrm{R}_1(\mathcal{L} + \mathcal{L}'') - \mathcal{L}_1(\mathrm{R} + \mathrm{R}_2)} e^{-\frac{\mathrm{R} + \mathrm{R}_2}{\mathcal{L} + \mathcal{L}''_2} t}$$

En négligeant le terme en R_1, l'expression $\dfrac{\mathfrak{M}(\mathrm{R} + \mathrm{R}_2)}{\mathrm{R}_1(\mathcal{L} + \mathcal{L}''_2) - \mathcal{L}_1(\mathrm{R} + \mathrm{R}_2)}$ se réduit à $-\dfrac{\mathfrak{M}}{\mathcal{L}_1}$ c'est-à-dire à $-k$, k étant le rapport de transformation, or nous avons vu que i'_1 et i_2 sont en opposition, $\varphi' = \pi + \varphi_2'$ et que $\mathrm{I}'_1 = k\mathrm{I}_2$ par suite $i'_{01} = ki_{02}$. Le deuxième terme en $e^{-\frac{\mathrm{R}_1}{\mathcal{L}_1} t}$ est donc nul et on peut écrire :

$$\left. \begin{aligned} i_1 &= \mathrm{I}_{0m} \sin(\omega t - \xi - \varphi_0) + \left[i_{00} + \mathrm{I}_{0m} \sin(\xi + \varphi_0) \right] e^{-\frac{\mathrm{R}_1}{\mathcal{L}_1} t} \\ &+ \mathrm{I}'_{1m} \sin(\omega t - \xi - \varphi'_1) + \left[i'_{01} + \mathrm{I}'_{1m} \sin(\xi + \varphi'_1) \right] e^{-\frac{\mathrm{R} + \mathrm{R}''_2}{\mathcal{L} + \mathcal{L}''_2} t} \end{aligned} \right\} \mathrm{B}$$

La première ligne représente la valeur complète de l'intensité du courant dans un circuit de résistance R_1 et de self L_1, c'est donc la valeur complète de l'intensité du courant à vide. La seconde ligne étant données les valeurs de I'_{1m} et φ'_1 est la valeur complète de l'intensité du courant dans un circuit de résistance $\dfrac{R + R''_2}{k^2}$ et de self $\dfrac{\mathcal{L} + \mathcal{L}''_2}{k^2}$ alimenté sous la tension U_1. Le schéma des deux circuits branchés en dérivation l'un sur l'autre aux bornes du primaire s'étend donc à la période d'établissement comme à la période de régime.

On ferme le circuit primaire, le secondaire restant ouvert. — Nous n'avons alors à considérer que le courant à vide et l'équation (B) se réduit à :

$$i_0 = I_{0m}\sin(\omega t - \xi - \varphi_0) + I_{0m}\sin(\xi + \varphi_0)e^{-\frac{R_1}{\mathcal{L}_1}t}.$$

puisque i_{00} est nul.

Comme le montre cette équation, le coefficient de $e^{-\frac{R_1}{\mathcal{L}_1}t}$ est la valeur qu'aurait eue au moment de la fermeture du circuit, l'intensité du courant s'il avait existé déjà avec sa valeur du régime permanent. i_0 sera représenté par la portion d'ordonnée comprise entre les courbes :

$$y_1 = I_{0m}\sin(\omega t - \xi - \varphi_0), \tag{1}$$

$$y_2 = -I_{0m}\sin(\xi + \varphi_0)e^{-\frac{R_1}{\mathcal{L}_1}t} \tag{2}$$

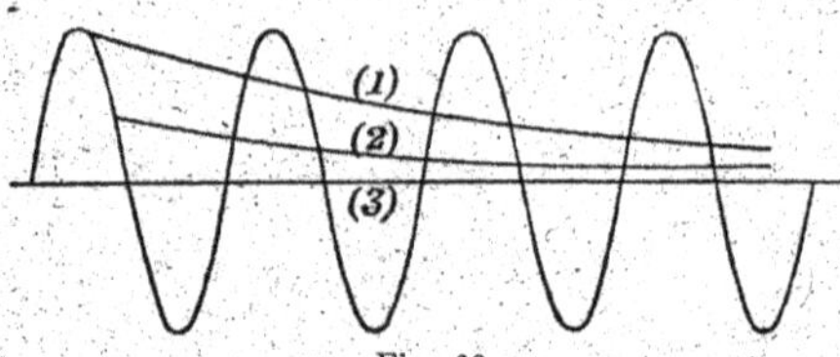

Fig. 62.

Sur la figure 62 nous avons représenté la courbe du courant sinusoïdal et les courbes (1), (2), (3) donnant y_2 pour divers moments de fermeture, c'est-à-dire pour diverses valeurs de ξ. Ces courbes nous montrent que pendant la période d'établissement l'intensité du courant atteint en valeur absolue des maxima plus grands que pour le courant de régime. Il y a donc surintensité au moment de la fermeture. Ces maxima se rapprochent d'autant plus de ceux du courant de régime qu'on a fermé à un moment plus voisin du passage à zéro de ce dernier. Si on avait fermé à ce moment même, il n'y aurait plus de terme exponentiel et le régime permanent s'établirait immédiatement. Si on ferme au moment du passage par un maximum on aura des surintensités beaucoup plus grandes et une période d'établissement plus longue, et d'autant plus que la constante de temps $\frac{\mathcal{L}_1}{R_1}$ est elle-même plus grande. Dans un transformateur $\frac{\mathcal{L}_1}{R_1}$ est grand et la période d'établissement peut atteindre plusieurs secondes.

Le courant à vide étant décalé d'environ 90° sur la tension aux bornes, la fermeture au moment d'un maximum en valeur absolue de i_0 correspond au passage à zéro de la tension et inversement. Il faudrait donc toujours fermer au moment où la tension passe par un minimum ou un maximum. C'est là une affaire de chance qui ne peut se chiffrer.

Chacun des deux termes de i_0 étant toujours plus petit que I_{0m}, les surintensités ne devraient pas dépasser $2I_{0m}$, ou $2\sqrt{2}$ fois la valeur efficace du courant de régime à vide, soit $2{,}82\,I_0$. Or pratiquement les surintensités sont beaucoup plus grandes, jusqu'à près de 30 fois la valeur normale (1). Ceci tient d'une part à ce que les coefficients d'induction ne sont pas constants et d'autre part aux effets de l'hystérésis.

Dans tous les cas il doit se produire dès la fermeture un flux qui engendre une force contre-électromotrice, équilibrant aux chutes ohmiques près la tension appliquée. Ce flux est décalé de $\frac{\pi}{2}$ sur cette tension et aura une variation totale de valeur $2\Phi_m$ correspondant à deux passages consécutifs de u_1 par o, c'est-à-dire dans une demi-période. L'intensité du courant devra donc dans le même intervalle varier de la quantité donnant lieu à $2\Phi_m$. Φ_m est le flux maximum en marche normale.

Si nous couplons au moment où u_1 est nul, le courant est nul et à l'origine le flux sera nul aussi, au bout de la demi-période le flux sera $2\Phi_m$ et i devra avoir l'intensité nécessaire pour produire ce flux. Les variations du flux étant les mêmes que celle de l'induction, celle-ci devra varier de 0 à $2\mathcal{B}_m$, et on ne peut supposer dans ces conditions $\mathcal{L}_1$ constant. Si $\mathcal{B}_m$ est de 8.000 par exemple, le courant normal à vide

---

(1) P. Bunet. — Sur les surintensités à la fermeture des circuits. *Bulletin de la Société internationale des électriciens,* tome I (3e série), étude à laquelle sont empruntés les résultats énoncés.

correspondra à 4 A.t maxima par centimètre soit 2,8 A. eff/cent. Pour atteindre les 16.000 gauss correspondant à 2 $\mathcal{B}_m$ il faudra 52 A.t soit 13 fois la valeur maximum normale et près de 20 fois la valeur efficace normale. Le coefficient de self-induction a varié dans le rapport de 1 à 6.

En fermant, au contraire, au moment où u est maximum le courant a déjà atteint une valeur assez grande au moment où u s'annule pour que le flux ait une valeur Φ_1, voisine de Φ_m, et dans la demi-période suivante l'intensité changera de signe pour arriver à la valeur absolue $2\,\Phi_m - \Phi_1 \eqsim \Phi_m$, il n'y aura presque pas de surintensité.

Le magnétisme rémanent augmente l'effet car si au moment de la fermeture il y a un flux rémanent Φr, suivant son sens, la variation totale sera $2\,\Phi_m + \Phi r$ ou $2\,\Phi_m - \Phi r$, dans le premier cas il y aura augmentation de la surintensité, dans le second cas diminution.

L'hystérésis et les courants de Foucault ont pour résultat de produire un appel de courant watté correspondant à leurs pertes, ces pertes sont augmentées puisqu'on travaille au début avec une induction maximum plus grande, et cela d'autant plus que la fréquence sera plus grande.

Sur les oscillogrammes, ces faits se traduisent par quelques pointes au début et un amortissement assez lent de ces pointes.

On ferme à la fois le circuit primaire et le secondaire. — On a alors $i_{00} = i_{01} = i_{02} = 0$. Pour le courant secondaire tout se passe comme dans le cas précédent, mais il faut remarquer que la self à considérer est la self extérieure augmentée de la self des fuites rapportées au secondaire et par suite généralement plus petite que précédemment. Les surintensités seront donc relativement moins grandes que tout à l'heure.

Pour le primaire il faut tenir compte du courant de charge i'_1. D'après ce que nous avons dit tout se passe comme si on montait en dérivation aux bornes du primaire un circuit de résistance $\dfrac{R + R_2}{k^2}$ et de self $\dfrac{\mathcal{L} + \mathcal{L}_2}{k^2}$. On change donc très peu la réluctance du primaire et on diminue sa résistance. La variation du flux sera donc à peu près la même qu'à vide, mais le courant croissant un peu plus rapidement puisque la résistance est diminuée, les surintensités seront un peu moins élevées, de plus la constante de temps sera plus faible et le régime permanent se produira plus rapidement.

Le circuit primaire étant fermé, on ferme ou on modifie le secondaire. — Dans ce cas le primaire aura son fonctionnement de régime à vide et :

$$i_{00} = -\, I_{0m} \sin (\xi + \varphi_0),$$

nous n'avons plus dans B de termes en $e^{\frac{-R_1}{\mathcal{L}_1}t}$ seule la constante de temps du secondaire intervient, d'après ce que nous avons dit il n'en résultera qu'une faible surintensité pour le primaire.

Conclusions. — Au moment de la fermeture, il se produit toujours des surintensités même si on ferme le transformateur à vide, dans ce dernier cas l'intensité du courant primaire peut dépasser notablement la valeur de ce courant en charge. Ces surintensités durent généralement assez peu de temps pour ne pas troubler le régime du réseau ni produire un échauffement exagéré des enroulements. Les conducteurs doivent être fixés assez solidement pour résister aux effets dynamiques résultant de ces surintensités.

Ces phénomènes sont gênants pour l'emploi des limiteurs d'intensité, qui peuvent ainsi jouer intempestivement au moment de la fermeture, il faudra employer de préférence des disjoncteurs différés, tout au moins sur le primaire. Pour les transformateurs comme ceux d'abonnés qui sont toujours branchés sur le réseau primaire et où on ne ferme que sur des charges peu inductives, des fusibles suffiront généralement.

Il résulte de ce qui précède que c'est la fermeture du courant primaire qui produit surtout de grandes surintensités que le secondaire soit fermé ou non, il y a donc indifférence de ce côté à l'ordre de ces fermetures. Cela donne une facilité pour la manœuvre des transformateurs élévateurs de tension où on peut faire toutes les manœuvres sur le secondaire à haute tension avant de fermer le primaire pour la mise en charge.

Harmoniques et Résonances

Harmoniques dus au fer. — Nous avons déjà indiqué au chapitre II que le flux et l'intensité ne pouvaient être, à cause de l'hystérésis, tous les deux sinusoïdaux dans un circuit dont le champ comprend du fer. En étudiant à l'oscillographe l'intensité d'un courant dans un tel circuit on constate qu'elle est déformée par la superposition au courant fondamental d'un harmonique 3 et d'un harmonique 5. MM. Bedell et Tuttle avaient énoncé que l'avance de l'harmonique 3 sur le fondamental devait être comprise entre 30° et 180° et que la valeur relative de l'amplitude de cet harmonique par rapport à celle du fondamental ne pouvait pas dépasser une valeur fixe comprise entre 0,192 pour l'avance de 30° et de 0,333 pour l'avance de 180°. D'après M. J.-J. Franck, les limites ci-dessus devraient être largement étendues, l'importance des harmoniques croissant avec l'induction, l'amplitude relative de l'harmonique 3 pourrait atteindre 46 %. L'harmonique 5 a des valeurs relatives moins grandes quoique encore assez importantes puisqu'elles peuvent dépasser 10 %.

Harmoniques dans les transformateurs. — Les intensités se trouvent donc déformées du fait de la présence du fer, à cette première cause viendront s'ajouter les écarts plus ou moins grands entre la courbe de la tension primaire et la sinusoïde théorique. En tenant compte des réactions mutuelles des divers éléments, on voit que tous seront affectés d'harmoniques. Seuls restent constants les coefficients de self-induction de fuite (puisque le flux de fuite se ferme dans l'air) et les résistances des enroulements. On peut admettre que pour les différents harmoniques du flux la réluctance est la même puisqu'on admet qu'elle ne varie pas dans une large limite au-dessous de l'induction maxima, les coefficients d'induction sont alors les mêmes pour tous les harmoniques. Nous n'aurons alors qu'à appliquer la théorie déjà faite à chacun des harmoniques et ajouter les différents résultats obtenus pour avoir les résultats finaux.

Le rapport de transformation pour l'harmonique d'ordre p sera :

$$k_p = \frac{\mathfrak{M}_1 \omega p}{\sqrt{R_1{}^2 + \mathscr{L}_1{}^2 \omega^2 p^2}}.$$

Nous avons dit qu'on pouvait généralement négliger $R_1{}^2$ devant $\mathscr{L}_1{}^2 \omega^2$, *à fortiori* on pourra le faire devant $\mathscr{L}_1{}^2 p^2 \omega^2$ et on aura :

$$k_p = \frac{\mathfrak{M}_1}{\mathscr{L}_1}.$$

Le rapport de transformation est le même pour tous les harmoniques.

Dans le diagramme de Kapp les côtés RI_2 et R''_2I_2 sont les mêmes pour tous les harmoniques les côtés $\mathcal{L}\omega p$, $\mathcal{L}''_2\omega p$ croissent avec p. Il

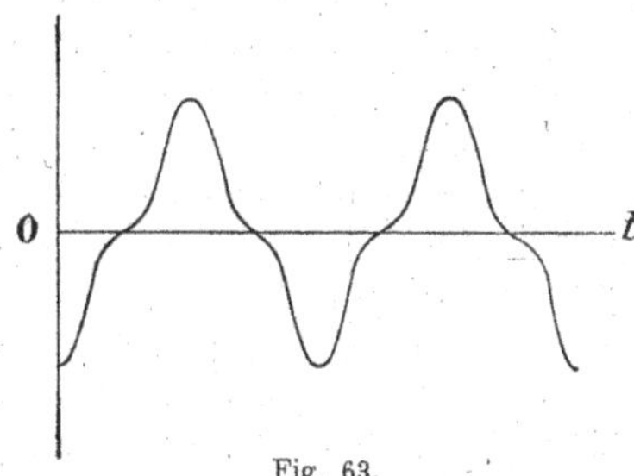

en résulte que la chute relative de tension croît avec l'ordre de l'harmonique, et que pour chacune l'intensité primaire est décalée sur la tension primaire d'un angle croissant avec le rang de l'harmonique.

A l'oscillographe, on observe que les courbes de tension sont à peu près sinusoïdales pour toutes les valeurs de l'induction

Fig. 63.

et que les courbes d'intensité prennent une forme d'autant plus régulière que l'induction est plus élevée, forme caractérisée par un aplatissement prononcé au voisinage du zéro (fig. 63).

Transformateurs triphasés. — Les harmoniques causent dans les transformateurs triphasés des déséquilibrages dans certain cas. Les courants dans une distribution triphasée ne peuvent contenir d'harmoniques 3 puisque leur somme ne serait pas nulle. Dans un transformateur monté en étoile, il ne peut pas y avoir d'harmoniques 3 dans les branches de l'étoile et le flux sera déformé. Les courbes de tension étoilée ne sont plus sinusoïdales et le point neutre ne sera pas à la tension zéro. De même si on a un montage en triangle ouvert à un sommet, la tension entre les extrémités des côtés qui aboutissent à ce sommet ne sera pas nulle. La déformation des ondes de tension peut causer des actions mécaniques entre fils, supérieures à celles prévues et pouvant amener des ruptures des isolants.

Si on ferme le triangle ou qu'on réunisse le neutre de l'étoile à celui de la distribution, le courant d'harmonique 3 pourra circuler dans le triangle ou dans la ligne neutre et la tension redeviendra sinusoïdale, les courants reprenant la même forme que si chaque transformateur était seul.

D'après M. J.-J. Franck il suffit d'un faible courant démagnétisant pour supprimer l'harmonique 3 dû aux propriétés du fer des transformateurs tandis que l'harmonique 3 de tension dû aux machines du réseau primaire donne lieu à un courant intense de circulation.

Résonance. — Les transformateurs peuvent facilement causer de la résonance sur les réseaux parce que d'une part ils créent des harmoniques, ce qui augmente comme on le sait les chances de résonance, et que d'autre part la capacité du secondaire se trouve agir sur le réseau primaire. Tout se passe pour celui-ci comme si nous avions aux bornes de l'enroulement primaire et en dérivation sur lui un circuit de résistance $\frac{R}{k^2} + R''_2$ et de self $\frac{\mathcal{L}}{k^2} + \mathcal{L}''_1$. La quantité $\mathcal{L}$ a pour valeur en réalité $\mathcal{L} - \frac{1}{C\omega^2}$, C étant la capacité du circuit secondaire, la capacité du circuit fictif sera donc Ck^2. Si k est plus grand que 1, une faible capacité secondaire agira comme une grande capacité sur le réseau primaire qui pourra résoner.

Les connexions entre les enroulements des transformateurs triphasés augmentent les chances de résonances. Si par exemple une phase est ouverte son enroulement forme capacité, l'enroulement correspondant parcouru par du courant à cause des connexions travaille comme celui d'un transformateur monophasé dont le secondaire serait branché sur une capacité pure. Il tendra donc à entrer en résonance, surtout si c'est un enroulement haute tension qui a toujours une grande self-induction.

On en conclut qu'il faut toujours munir les circuits des réseaux primaire et secondaire d'un transformateur triphasé d'interrupteurs triples ou quadruples (s'il y a un fil neutre) ouvrant d'un seul coup toutes les phases.

Résumé. — Comme tous les appareils alternatifs les transformateurs donnent lieu à des déformations des courants que la tension en ait ou non. Cette déformation dépend de l'induction qu'on devra prendre aussi faible que possible. En outre il se produit aux changements de charge des phénomènes de surintensité, ils peuvent faciliter les phénomènes de résonance. La présence du fer donnant de grandes selfs à leurs enroulements, les constantes de temps sont grandes ainsi que les chances de résonance.

CHAPITRE VIII

Description des transformateurs.

CIRCUIT MAGNÉTIQUE.

Conditions à remplir. — Le circuit magnétique doit avoir une réluctance aussi faible que possible, on choisira pour cela des tôles de très bonne qualité, on ne fera qu'un petit nombre de joints et on soignera particulièrement ceux-ci pour réduire les entrefers.

Il faut s'opposer à la production des courants de Foucault, on ne doit pas trouver dans le circuit magnétique de circuit électrique se fermant autour des lignes de force du flux. On formera donc le circuit magnétique de tôles empilées isolées électriquement par du vernis ou du papier et serrées par des boulons. Ceux-ci ne doivent pas former réunion électrique des tôles, ils devront donc être isolés électriquement de celles-ci. Le coefficient χ de la formule qui donne la perte par courants de Foucault dépend de l'épaisseur des tôles, on prendra pour celle-ci la valeur correspondant au minimum de χ soit $0^{mm}35$ à $0^{mm}5$ environ.

Les pertes par hystérésis dépendent du volume du fer et de l'induction employée, la longueur du circuit magnétique est déterminée par les conditions de bobinage, si on augmente l'induction pour un même flux la section devient plus petite et le poids diminue. Les longueurs des enroulements diminuent en même temps ainsi que les pertes joules, par contre les pertes par hystérésis augmentent. La nature des tôles influe beaucoup aussi sur l'induction et les dimensions à adopter.

Tôles et inductions employées. — Pour les tôles ordinaires on emploie des inductions maxima variant de 5.000 à 10.000 gauss. Depuis quelques années on emploie pour la construction des transformateurs des tôles au silicium avec une teneur de ce métal de 3 % environ, le coefficient η de la formule de Steinmetz est de 0,0010 à 0,0013 environ pour ces tôles au lieu de 0,003 pour les tôles ordinaires. Pour les tôles de qualité supérieure, ce coefficient varie de

0,00075 à 0,00095 comme elles présentent en même temps une grande résistivité, 50 microhms/cm environ, les pertes par courant de Foucault y sont très petites. En outre ces tôles ne vieillissent pas comme les tôles ordinaires et par suite les pertes à vide n'augmentent pas avec le temps. Avec ces tôles on emploie des inductions atteignant 14.000 et 16.000 gauss. Comme leur réluctance est du même ordre que pour les tôles ordinaires, il faut un assez grand nombre d'ampères-tours pour avoir l'induction voulue, mais ces ampères-tours sont presqu'entièrement magnétisants. Leur rapport aux ampères-tours en charge sera à peu près le même dans tous les cas.

Section du circuit magnétique. — L'aire de la section du circuit magnétique est une des quantités qui se déterminent en premier dans l'étude d'un transformateur. Une fois cette aire fixée, il s'agit de

Fig. 64.

déterminer la forme à donner à cette section. Les conditions à remplir sont : que la forme soit facile à obtenir par un empilage de tôles ne comportant qu'un petit nombre de types ; que la circonférence circonscrite qui détermine la longueur de la plus petite spire du bobinage soit aussi faible que possible.

La forme circulaire serait celle qui donnerait la meilleure solution pour cette condition, mais elle est d'une construction compliquée, car pour chaque moitié de la section les tôles qui la composent auraient toutes des largeurs différentes.

On emploie des noyaux à section carrée ou en forme de croix de St-André plus ou moins compliquée (fig. 64). Les vides entre le bobinage et le noyau forment cheminées d'aération assurant le refroidissement du transformateur. Pour ceux de grosse puissance on forme le noyau de paquets de tôles séparés par des intervalles de 1 cm environ faisant canaux de ventilation.

Pour les formes en croix il est facile de trouver par le calcul les proportions à adopter pour remplir les conditions précitées. Pour la section carrée on abat souvent les coins.

L'emploi des fils à section rectangulaire, des plats en cuivre permet de construire des bobines de section quadrangulaire à angles arrondis

Fig. 65.

qu'on dispose sur des noyaux à section rectangulaire. On peut donner ainsi moins de largeur au noyau et à la bobine, ce qui réduit celle du transformateur (fig. 65). Il faut remarquer qu'en cas de court-circuit dans l'enroulement, le nombre des spires actives du primaire diminue et le flux croît beaucoup. Les spires non court-circuitées tendant à embrasser le plus grand flux possible sont soumises à un effort de déformation assez grand qui tend à leur donner la forme circulaire, elles seront moins détériorées si elles ont déjà celle-ci.

Confection du noyau. Joints. — On pourrait évidemment découper les tôles à la forme du circuit magnétique complet, il n'y aurait aucun joint dans ce dernier. Industriellement ce procédé n'est pas pratique car il faudrait bobiner les enroulements à la main, on aurait en outre de grands déchets de tôle. On constitue donc le noyau de tôles distinctes découpées dans le sens du laminage de manière qu'on puisse enfiler les bobines sur le noyau, ou au contraire empiler les tôles à travers celui-ci.

La forme des portions de tôle doit être déterminée de manière à avoir le minimum de déchets au découpage et le moins grand nombre possible de joints. Il interviendra donc dans le choix de cette forme, non seulement la considération de transformateur à construire, mais encore celle de l'usage possible des déchets de tôle pour les autres fabrications de l'usine.

Le joint peut être plat ou imbriqué ; dans le premier cas les deux surfaces doivent être bien dressées pour s'appliquer aussi exactement que possible l'une sur l'autre. Comme il est impossible d'amener exactement en coïncidence les tranches de chaque tôle au joint, celles-ci ne sont plus isolées électriquement et il pourrait se former des circuits fermés à travers les divers joints donnant lieu à production de courants de Foucault. On évite cela (fig. 66) en plaçant dans le joint une feuille de papier mince. Les deux surfaces doivent être pressées fortement l'une contre l'autre.

Fig. 66

Dans les transformateurs Labour fabriqués par la Société l'*Éclairage électrique*, un des côtés du rectangle que forme la carcasse (fig. 67) est mobile, il a la forme d'un segment de cylindre, le joint

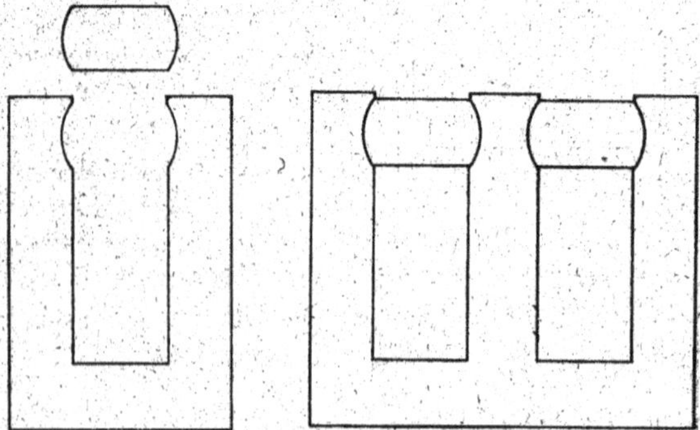

Fig. 67. — Transformateurs Labour.

est parfaitement dressé à cette forme et la partie mobile entre à frottement dur dans l'autre. Le contact se trouve donc parfaitement assuré.

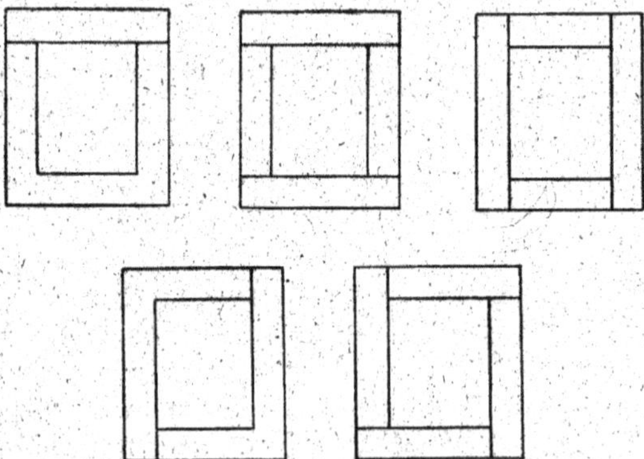

Fig. 68. — Transformateurs monophasés.

Les fig. 68 et 68bis indiquent quelques-unes des dispositions adoptées pour les circuits magnétiques des transformateurs monophasés et triphasés à colonne dans un même plan. On remarquera pour ces derniers que la disposition des joints peut accentuer la dissymétrie magnétique.

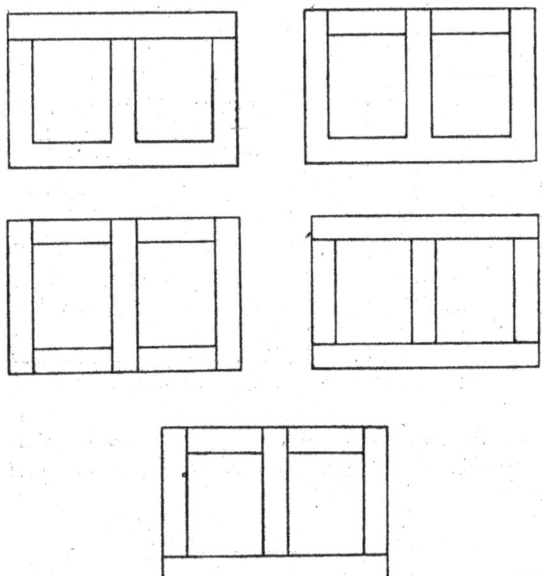

Fig. 68bis. — Transformateurs triphasés.

Dans les joints imbriqués, on forme les deux parties à réunir par des paquets de tôle de longueurs différentes de manière à constituer des tenons et mortaises, et les deux morceaux s'emboîtent l'un dans l'autre (fig. 69).

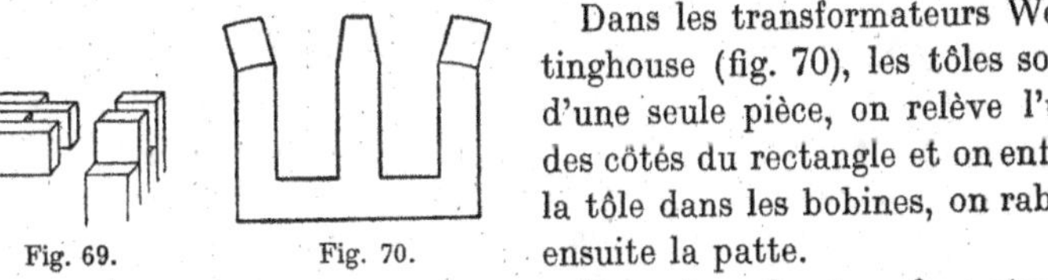

Fig. 69.   Fig. 70.

Dans les transformateurs Westinghouse (fig. 70), les tôles sont d'une seule pièce, on relève l'un des côtés du rectangle et on enfile la tôle dans les bobines, on rabat ensuite la patte.

Dans tous les transformateurs où on empile les tôles dans les bobines, on a soin d'alterner le sens des tôles de manière à avoir les joints alternativement sur l'une ou l'autre culasse, la continuité du circuit magnétique est ainsi mieux assurée.

Les tôles des culasses sont prises entre deux flasques réunies par des boulons qui permettent le serrage. Les flasques des deux culasses sont réunies ensuite par un système quelconque qui assure leur dépendance complète. On s'arrange à faire ces liaisons et ces serrages sans que les boulons traversent la carcasse magnétique, on en voit un exemple pour le serrage des culasses sur la figure 71, et on pourra remarquer ce fait sur les divers clichés représentant des transformateurs. La tôle au contact des flasques en est isolée au vernis ou au papier pour éviter les courants de Foucault, les entrefers formés sont suffisants pour éviter les fuites magnétiques par le bâti.

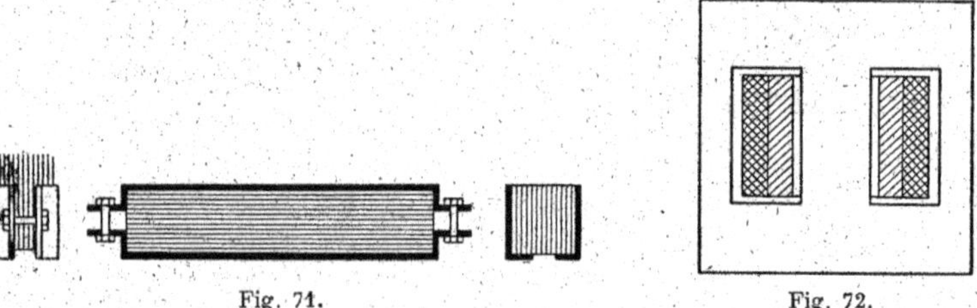

Fig. 71.   Fig. 72.

Transformateurs cuirassés. — Les transformateurs monophasés peuvent être construits suivant le type dit cuirassé (fig. 72). Les deux bobinages sont disposés autour d'un noyau central et le circuit magnétique se ferme en les entourant complètement. Les côtés seuls des bobinages apparaissent en dehors des tôles.

La réunion des enroulements sur un même noyau permet d'avoir les branches perpendiculaires à celui-ci plus courtes que dans un transformateur ordinaire, et la réluctance du circuit magnétique est plus faible. On peut donc adopter une induction plus forte et avoir par suite moins de spires au primaire et comme l'intensité est la même dans tous les cas, le poids de cuivre, la perte joule, la chute ohmique de tension seront plus faibles. Le principal reproche qu'on pourrait leur faire est d'être moins faciles à refroidir, mais cet inconvénient s'évite facilement par une construction soignée. Pour les grosses puissances il vaut mieux néanmoins employer les transformateurs à noyaux plus faciles à refroidir.

Transformateurs triphasés symétriques. — La réunion des trois noyaux des transformateurs triphasés symétriques est assez difficile à faire, la figure 73 montre comment on peut la réaliser. Dans la figure *b*, aux joints les tôles se croisent, ce qui permet la circulation des

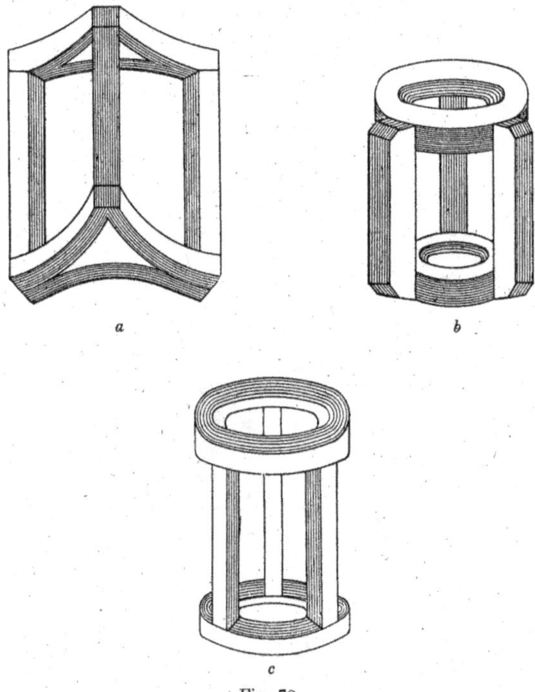

Fig. 73.

courants de Foucault, on devra y placer une feuille de papier isolant. Nous avons vu qu'il était d'ailleurs de bonne construction de le faire pour les joints plats comme ceux des figures *a* et *c*.

ENROULEMENTS

Bobinages. — Les deux enroulements sont tous deux partagés entre les deux noyaux, si on plaçait en effet chacun des circuits sur

un noyau distinct, on aurait sur chaque noyau (fig. 74) la force magnétomotrice de chaque enroulement, ces deux forces sont en opposition
comme on le sait. On se trouverait dans le cas de deux piles en opposition et la différence de potentiel magnétique entre les culasses serait
à peu près égale à la force magnétomotrice totale de chaque enroulement c'est-à-dire très grande, il y aurait donc de grands flux de fuites
d'où mauvais fonctionnement du transformateur.

En répartissant les enroulements entre les deux noyaux (fig. 75),
les forces magnétomotrices dans chacun d'eux sont la résultante

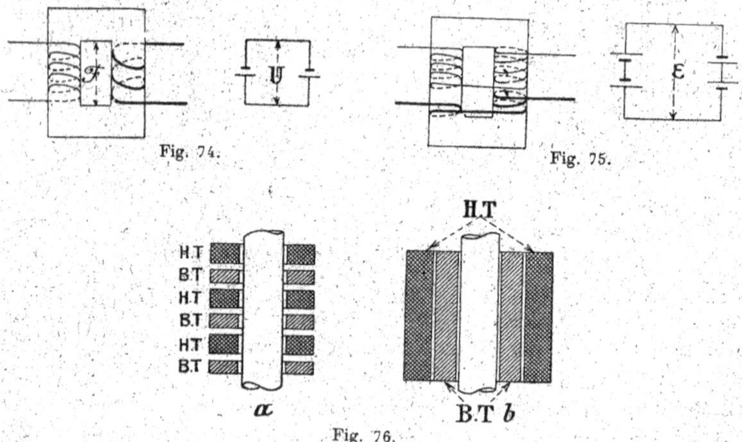

Fig. 74.

Fig. 75.

Fig. 76.

des ampères-tours primaires et secondaires qui leur sont appliqués,
elles sont donc en série et égales à la moitié des ampères-tours
résultants totaux, c'est-à-dire des ampères-tours à vide. La différence
de potentiel entre les deux culasses est donc très petite et il y aura
peu de dispersion.

Sur chacun des noyaux les enroulements peuvent être disposés de
deux façons différentes. Dans l'une (fig. 76 a) chaque enroulement
est formé d'un certain nombre de bobines qu'on dispose sur le noyau
en alternant les bobines haute et basse tension. On peut au contraire
(fig. 76 b) disposer les enroulements concentriquement l'un à l'autre.
A condition de ne pas laisser trop de jeu entre les deux enroulements
dans le cas des bobines concentriques les deux dispositions sont

équivalentes au point de vue de la dispersion et par suite du fonctionnement du transformateur. Le bobinage concentrique est plus facile à exécuter, et donne de très grandes commodités d'isolement, il suffit en effet de disposer les enroulements sur des tubes en matière isolante pour n'avoir pas de danger de court-circuit entre les deux enroulements ou entre eux et la terre. Le noyau étant réuni au bâti qui repose sur le sol est à la terre, il est donc prudent par mesure de sécurité de mettre la bobine basse tension à l'intérieur de manière à diminuer les chances de rupture de diélectrique si un des fils de la canalisation haute tension était à la terre. On peut ainsi rapprocher les bobines du noyau et réduire leur encombrement. Dans la disposition alternée, il est assez difficile d'assurer les isolements entre bobines d'enroulements différents à cause des connexions entre bobines du même enroulement qui passent très près de celles de l'autre.

Enroulement haute tension. — Les bobinages haute tension se font avec du fil de diamètre relativement faible dont l'isolation est assurée par de simples guipages de coton au nombre de 2 ou 3 ; un isolement plus fort entraînerait une trop grande épaisseur de la bobine. La différence de potentiel entre deux conducteurs voisins doit être assez faible, 100 v au plus pour un guipage à deux couches, 150 pour un à trois couches, il est prudent de ne pas employer de guipage à une seule couche. La plus grande différence de potentiel qui existe entre deux conducteurs est celle entre ceux placés sur une extrémité de la bobine l'un à l'entrée d'une couche, l'autre à la sortie de la couche voisine. S'il y a m conducteurs par couche et que la différence de potentiel entre les extrémités d'une même spire soit u, la différence précitée sera $2\,mu$, elle doit être inférieure à 100 ou 150 v suivant les cas, le nombre de spires par couche est donc limité. Il est d'ailleurs prudent de ne pas dépasser 1.000 v et même 500 v entre l'entrée et la sortie d'une même bobine.

On est donc conduit à composer l'enroulement haute tension d'un certain nombre de bobines ou galettes. Les connexions entre galettes doivent se faire entre deux fils de la couche inférieure ou de la couche supérieure de manière que ces connexions ne puissent venir au contact de conducteurs ayant une grande différence de potentiel avec elle. On y arrive facilement en disposant les bobines de manière à les joindre alternativement par la couche inférieure et la couche supérieure (fig. 77). En commençant à enrouler le fil par son milieu on peut constituer des bobines dont les extrémités libres seront sur la couche supérieure, toutes les connexions sont alors à l'extérieur des bobines ce qui est plus commode pour les réparations.

On interpose généralement une feuille de papier entre deux couches successives pour empêcher les conducteurs de pénétrer de l'une dans l'autre (fig. 78). Si le bobinage se fait sans joues, le nombre de spires diminue de une par couche et s'il y a c couches, la première ayant m couches le nombre total de spires est :

$$mc - \frac{c\,(c-1)}{2} = c\,\frac{2m-c+1}{2}.$$

Fig. 77.   Fig. 78.

Les spires sont maintenues au moyen de rubans enroulés autour d'elles. Les différentes bobines sont séparées par des cales de matière isolante choisie d'après la valeur de la tension la plus élevée entre les faces des bobines. Pour les très hautes tensions, il est bon de munir les bobines de joues isolantes, elles ont alors le même nombre de spires par couche et le nombre total est mc.

Dans tous les cas, on doit laisser entre les bobines extrêmes et les bouts du tube isolant sur lequel est placé l'enroulement un espace d'au moins 1 cm et qui devra être en général de 1 cm par 1.000 v entre les extrémités de l'enroulement total. On risque, sans cela, par suite de dépôts plus ou moins conducteurs sur les tubes, une fuite électrique entre les extrémités amenant peu à peu un court-circuit. Par mesure de précaution on emploie souvent pour la dernière galette un fil mieux isolé que pour les autres de manière à former une galette de

Bobinage primaire.
3×8 bobines.
H^te tension
7 de 70 spires: haut 34.5
1 de 84 spires: haut 41.5
3 tubes carton
ép. 5 ‰ haut. 380 ‰
Bobinage second^re.
3×3 bobines
B^se tension
6 spires par bobine
cuivre de 2×105
Cales en bois
Cales en bois
3 tubes carton
ép. 5 ‰ × 380 ‰
Cales en bois pour la base

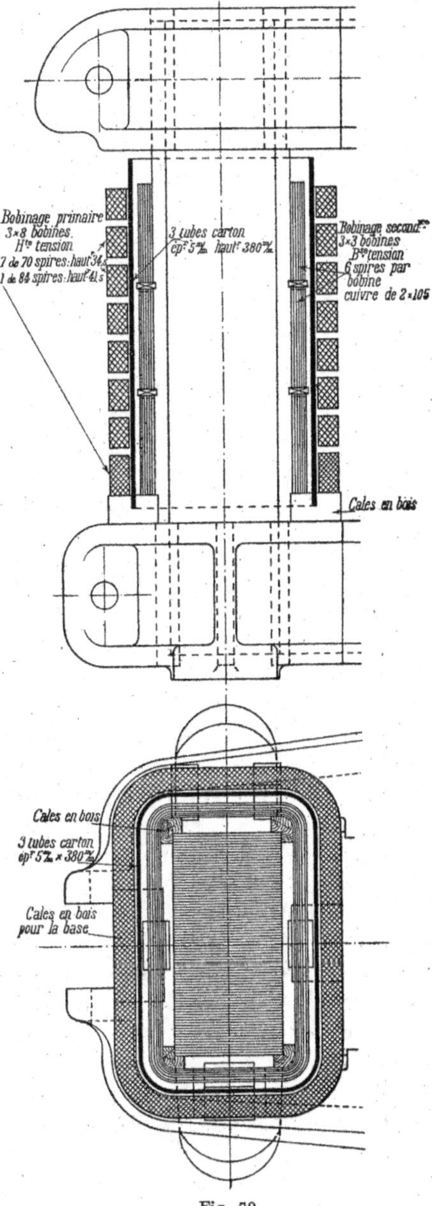

Fig. 79

protection à l'entrée des enroulements, où par suite des prises de courant on a à craindre davantage les accidents.

Enroulement basse tension. — Les difficultés d'isolement sont moindres pour cet enroulement, mais lorsqu'il doit être parcouru par de fortes intensités on a certains embarras à cause des grandes sections à adopter. On est conduit en effet à adopter des conducteurs massifs et comme ils sont parcourus par des flux variables il s'y développera des courants de Foucault donnant lieu à des pertes beaucoup plus grandes que celles par chaleur Joule. On peut y remédier en employant un primaire formé de plusieurs bobines alimentées en parallèle, mais il est assez difficile de constituer des bobines bien identiques, alors elles réagissent par induction les unes sur les autres. On peut aussi constituer l'enroulement par plusieurs fils travaillant en parallèle, il faudra faire le bobinage avec grand soin pour la raison qui vient d'être dite. On améliore cette construction en toronnant les fils, qui se trouvent alors à peu près dans les mêmes conditions.

Le plus souvent on emploie seulement un ou deux conducteurs (en parallèle) formés de tôles de cuivre posées de champ c'est-à-dire leur grande dimension parallèle à l'axe du noyau. Il est quelquefois difficile d'enrouler en hélice ces conducteurs, on constitue alors le primaire par une suite de bobines réunies en série et formées chacune d'un certain nombre de spires concentriques.

Avec les grosses intensités il s'exerce des actions dynamiques très fortes entre les spires, il faudra donc les fixer solidement. Les jonctions des bobines seront rivées et soudées de manière à former un joint présentant toutes les garanties au point de vue de la solidité mécanique et d'une bonne conductibilité.

Les spires sont isolées en enroulant autour de la tôle du papier ou d'autres substances fibreuses.

Séchage et vernissage des bobines. — Les bobines élémentaires des enroulements haute et basse tension sont séchées à l'étuve, de manière à enlever toute trace d'humidité, puis on les plonge dans un bain de gomme laque ou d'un vernis isolant alors qu'elles sont encore chaudes.

Tubes isolants. — Comme il a été dit précédemment les bobinages sont disposés sur des tubes en matière isolante, destinés à empêcher

leurs contacts mutuels ou avec la masse. On a employé à cet usage à
peu près toutes les matières isolantes capables d'être mises sous la
forme voulue. Pour les fortes intensités ou dans la marche sur faible
résistance il s'exerce de fortes actions dynamiques, entre enroulements
on emploie des tubes ayant une grande rigidité. Quelquefois on
supprime dans les transformateurs à huile le tube intérieur au primaire, ce dernier est simplement maintenu à distance du noyau au
moyen de cales isolantes. Des dispositifs de calage maintiennent le
tube supportant les bobines haute tension à distance suffisante de
l'enroulement basse tension de manière qu'il puisse se produire autour
de celui-ci une circulation suffisante pour en assurer un bon refroidissement.

Enroulements triphasés. — Les bobines primaire et secondaire de
chaque phase sont disposées sur le noyau correspondant comme
celles d'un transformateur monophasé. Comme nous l'avons dit, les
connexions sont le plus généralement faites en étoile, ce qui diminue
les difficultés d'isolement. En pratique la
comparaison théorique entre les deux modes
de connection au point de vue du fonctionnement en cas d'avarie sur une phase n'existe
pas, car dans la réalité les deux enroulements
de la phase sont toujours détériorés ensemble
et le transformateur mis complètement hors
de service quelque soit le mode de connection.
Toutefois lorsque les phases sont très diffé-
remment chargées il peut y avoir avantage
à connecter le primaire en triangle. Supposons par exemple (fig. 80) que le secondaire
alimente une distribution à quatre fils,
la tension composée de 220 v par exemple
entre fils de phase convenant pour des
moteurs, et celle de 125 entre fils de phase

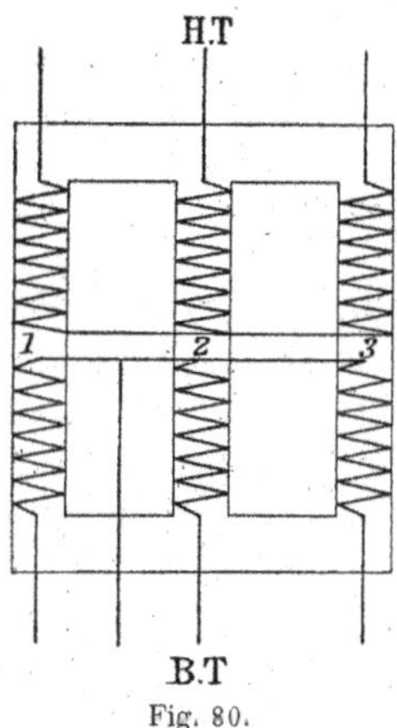

Fig. 80.

et neutre servant pour alimenter des lampes. Pour une telle
distribution il nous faudra un secondaire en étoile avec point
neutre sorti. Si pour une raison quelconque il n'y a en service que
les lampes branchées entre la phase 1 et le neutre, nous n'aurons
de courant secondaire que dans l'enroulement 1. Le courant primaire

fera retour à l'alternateur par les enroulements 2 et 3 qui ont un grand nombre de spires car le primaire est forcément à haute tension, le secondaire étant sur la distribution, ces enroulements ont donc beaucoup de self et il y aura déjà par suite baisse de tension primaire. En outre les ampères-tours qu'ils créent sur chacun des noyaux 2 et 3 sont en opposition avec le flux utile dans le noyau 1 et s'opposent à son passage ; à travers 2 et 3 il y aura donc beaucoup de fuites et grande chute de tension secondaire.

Avec un primaire en triangle (fig. 81), il n'y aura pas de courant

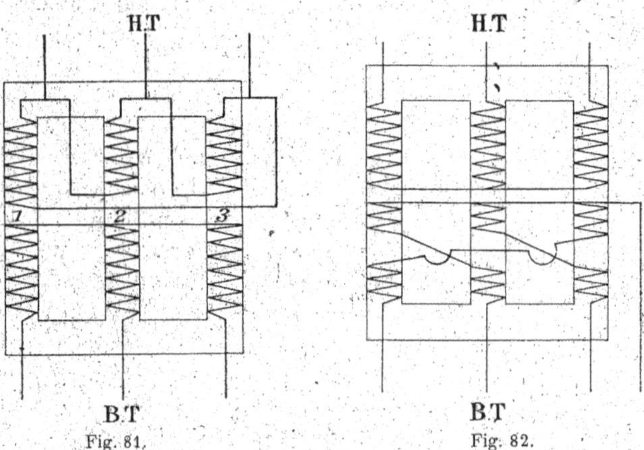

Fig. 81.

Fig. 82.

de retour à travers les enroulements 2 et 3 où nous n'aurons que les ampères-tours à vide qui étant les mêmes qu'en charge ne modifient pas sensiblement le fonctionnement de la phase 1.

On peut conserver les avantages de l'étoile au primaire, même dans ce cas, en adoptant pour le secondaire l'*enroulement en zig-zag* (fig. 82) dans lequel chaque enroulement secondaire est réparti sur deux noyaux. Dans ce cas la charge de chaque enroulement secondaire se trouve répartie sur deux enroulements primaires et le retour du courant primaire est toujours assuré sans influer sur les autres flux. La tension aux bornes de chaque enroulement secondaire sera donc sensiblement constante.

Transformateurs monophasés pour distribution à trois fils. — Cé cas est analogue au précédent ; si on prend les enroulements des ponts chacun sur un noyau distinct (fig. 83), et le neutre entre eux,

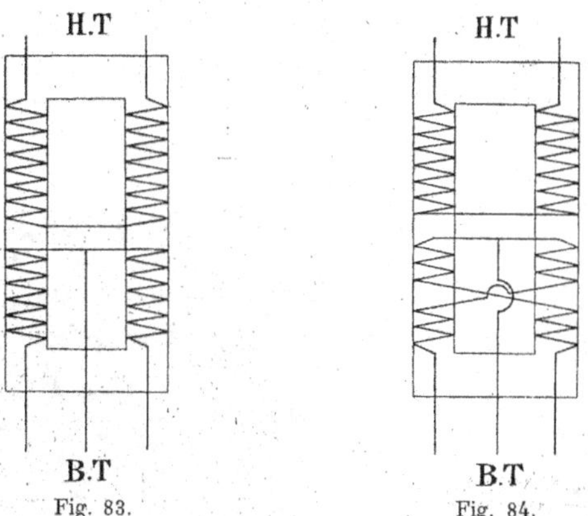

Fig. 83.   Fig. 84.

on aura pour les raisons qui viennent d'être signalées, une grande chute sur un pont quand l'autre ne sera pas chargé. Un enroulement secondaire en zig-zag (fig. 84) évitera cet inconvénient.

REFROIDISSEMENT DES TRANSFORMATEURS

Refroidissement des transformateurs. — On doit assurer de la façon la plus parfaite le refroidissement des transformateurs de manière que la température de toutes leurs parties reste toujours suffisamment basse pour assurer une bonne conservation et un bon fonctionnement de l'appareil. Le soin apporté à cet effet dans la construction doit être très grand surtout pour les bobines haute tension où par suite du grand nombre de spires la dissipation de la chaleur est difficile et la température des couches intérieures notablement supérieure à celle des couches extérieures. La chaleur doit donc pouvoir se transmettre aisément de l'intérieur à l'extérieur des noyaux et des enroulements ; la surface de dissipation devra être suffisamment grande pour communiquer l'énergie au milieu ambiant. Ce dernier devra être choisi et renouvelé de façon à ne pas s'échauffer lui-même

et à emporter le plus rapidement possible les calories qui lui sont
communiquées. Les premières conditions seront remplies par la
disposition même adoptée pour la construction des différentes parties
du transformateur (à noter en particulier que dans les enroulements
en barre de champ la chaleur se répartit très uniformément). La
dernière le sera par les mesures prises pour assurer le refroidissement.

Fig. 85. — Transformateur de
la société *l'Éclairage Électrique*.

Fig. 86. — Transformateur de la *Compagnie Générale Électrique* de Nancy.

Transformateurs à sec ou à air libre. — Le transformateur est
posé généralement les noyaux verticaux de manière que les canaux
des noyaux, les vides ménagés entre eux et les enroulements et entre
ceux-ci fonctionnent comme de véritables cheminées. L'air échauffé
s'échappant par la partie supérieure et faisant appel d'air frais par
le bas. Une enveloppe extérieure empêche tout contact accidentel
avec les enroulements. On doit examiner soigneusement ceux-ci dans
les périodes de repos et enlever les poussières qui pourraient s'être
déposées. En fabrication courante on peut employer ce type jusqu'aux
puissances de 200 K. V. A. en courant monophasé et 300 en courant

triphasé. Ils doivent bien entendu être placés dans des endroits très secs.

Transformateurs à ventilation forcée. — Le transformateur est enfermé dans une enveloppe dans laquelle un ventilateur fait passer

Fig. 87. — L'enveloppe est ôtée.

un grand volume d'air. Le ventilateur peut être unique pour chaque transformateur, il doit se mettre alors automatiquement en marche lorsqu'on met le transformateur en service. Dans les stations contenant plusieurs transformateurs on peut les refroidir de cette manière en branchant les enveloppes sur une canalisation alimentée par une machine unique. Les dispositions prises doivent être telles que l'air circule bien le long de toutes les parois à refroidir.

La prise d'air doit être disposée de façon que l'air y pénètre lentement, on y aménagera au besoin une chambre à poussières de manière que celles-ci ne soient pas entraînées dans le transformateur.

Fig. 88.

Transformateurs immergés dans l'huile. — Le transformateur est plongé dans un bac hermétiquement clos rempli d'huile. Cette dernière en s'échauffant au contact des enroulements monte à la partie supérieure et vient céder sa chaleur aux parois du bac qu'elle longe pour retourner à la partie inférieure, l'huile au contact des enroulements est donc constamment refroidie. Le passage de la chaleur des enroulements au liquide et de celui-ci aux parois métalliques du bac se fait aisément comme on le sait et on a reporté par ce moyen les surfaces de dissipation de la chaleur à celle extérieure du bac. La propagation de la chaleur de métal à gaz étant difficile on augmente la surface de dissipation des bacs en la munissant d'ailettes ou en la formant en métal ondulé.

En outre de son rôle de conducteur de la chaleur, l'huile imprègne toutes les substances fibreuses constituant les isolants employés dans les transformateurs, et forme elle-même isolant entre les différentes parties de l'appareil.

Qualités à remplir par l'huile. — D'après la Société belge d'électriciens, les huiles isolantes doivent supporter à 25 %, 20.000 v avec un espacement de $0^m,002$ entre les boules d'un déflagrateur, 30.000 v avec $0^m,00375$.

Leur poids spécifique à 15° est de 0,89 à 0,91 ; leur viscosité spécifique à 20° est 10. Leur température d'inflammation doit être supérieure à 200° et leur point de solidification inférieure à — 10°. Elles ne doivent donner aucun dépôt après un repos de six heures.

Elles doivent être constituées par de l'huile minérale raffinée ne contenant ni eau, ni acides minéraux, ni acides organiques ; on peut admettre toutefois pour ceux-ci une tolérance de 0,2 % calculée en acide oléïque. Le résidu asphaltique insoluble dans l'éther de pétrole, d'un point d'ébullition à 35°, ne doit pas dépasser 0,4 %. La teneur en résine soluble dans l'alcool à 70° doit être inférieure à 0,5 %.

Mise en place de l'huile. — On chauffe l'huile dans le bac, en y plongeant des résistances parcourues par un courant, pendant cinq à six heures à 110°, si on n'est pas sûr de sa siccité. Les enroulements chauffés par un courant approprié sont placés à chaud de manière qu'il ne puisse y avoir aucune trace d'humidité. Le couvercle est ensuite fermé. Les joints doivent être en amiante ou en carton, on rejettera l'emploi des composés à base résineuse ou de caoutchouc.

On ne doit jamais chauffer à feu nu les huiles, car on risque de les décomposer et aussi de mettre le feu.

Les huiles peuvent être desséchées par chauffage électrique, ou par déshydratation à l'aide de chaux vive fraîchement cuite ce qui enlève toute trace d'humidité et d'acide.

Les huiles ayant déjà servi se filtrent très bien sur un lit de sable sec de $0^m,30$ recouvert d'une couche de $0^m,10$ de noir animal.

Même avec des huiles neuves et en bon état, il faut toujours filtrer sur un linge fin et sec pour le remplissage des bacs.

Le séchage des enroulements est très délicat à cause des effets d'électrolyse et de destruction des isolants qui peut en être le résultat s'il n'est pas fait par des gens très expérimentés.

Les bacs ne doivent comporter autant que possible ni tube indicateur, ni robinet de vidange, la difficulté d'avoir des joints étanches en

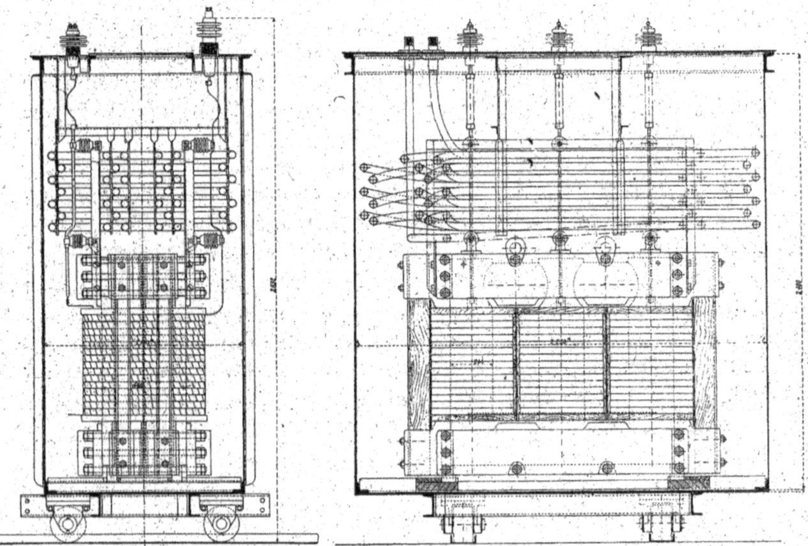

Fig. 89.

faisant autant de pointes de rentrée d'humidité. On vide les bacs en les syphonant, pour les grosses puissances on est obligé d'avoir recours aux robinets.

Transformateurs à circulation d'huile. — Dès que la puissance dépasse 500 K.V.A., la circulation d'huile n'est plus suffisamment rapide. Pour l'accélérer tout en assurant le refroidissement du liquide, on peut recourir à une disposition en thermo-siphon faisant passer l'huile chaude dans des tubes à ailettes formant radiateur. On emploie aussi une pompe faisant circuler l'huile à travers le transformateur et un réfrigérateur organisé comme un condenseur à surface. On peut dans ce cas avoir une pompe et un réfrigérateur unique pour tout un ensemble de transformateurs.

Transformateurs à circulation d'air ou d'eau. — Le procédé le plus pratique est de disposer à la partie supérieure de la cuve du transformateur, là où se fait la réunion de l'huile chaude, un serpentin à l'intérieur duquel passe un courant d'air ou d'eau. Ce dernier moyen n'est très pratique que lorsqu'on dispose de beaucoup d'eau, sans quoi il faut refroidir ensuite celle-ci. C'est un problème d'espèce qui se pose au même titre que celui de l'emploi des condenseurs dans les machines à vapeur.

Remarques sur les transformateurs à refroidissement forcé. — Le refroidissement forcé pour les transformateurs à sec ou dans l'huile, nécessite l'emploi d'un moteur auxiliaire d'où une dépense d'énergie. Par contre elle permet de supporter des pertes volumiques plus grandes dans le fer et dans le cuivre, on peut donc adopter des inductions et des densités de courant plus fortes, d'où un gain sur les dimensions, le poids et le prix de l'appareil. Il faut donc balancer l'un avec l'autre pour avoir le bénéfice réel pécuniaire qu'on obtiendra.

Dans tous les cas pour tous les refroidissements artificiels, il faut toujours être prévenu de l'arrêt de leur fonctionnement, on munira donc les transformateurs de signaux d'alarme marchant quand la température dépasse la limite prévue. Si le refroidissement est commandé par un moteur on devra pouvoir être averti immédiatement de son arrêt intempestif.

Comparaison entre les deux modes de refroidissement. — Au delà de 30.000 v l'épaisseur des isolants devient trop forte pour qu'on puisse assurer le refroidissement par l'air. Le point de vue auquel on compare habituellement les deux modes est relatif au danger d'incendie. Le court-circuit dans un transformateur à huile ne pourra enflammer celle-ci puisqu'il aura lieu à son intérieur, d'ailleurs avec les huiles employées, l'inflammation comme nous l'avons vu est difficile. Par contre elles causent un danger supplémentaire lorsque les bâtiments qui contiennent les transformateurs viennent à prendre feu. C'est d'après l'éventualité de ce dernier fait qu'on devra juger si on doit isoler les transformateurs les uns des autres par des cloisons.

Le transformateur à air n'est guère inflammable par lui-même, mais un court-circuit donne naissance à un arc pouvant enflammer les isolants dont la combustion est activée par la circulation d'air.

Prises de courant. — Pour les transformateurs à sec il n'y a aucune difficulté, on fait aboutir les fils des enroulements à des prises portées

Fig. 90.

par des isolateurs, généralement du type accordéon, ayant les dimensions convenant à la tension adoptée.

Pour les transformateurs immergés les prises sont à l'intérieur du bac, et les câbles passent dans des tubes isolants pour traverser l'enveloppe métallique. Pour les hautes tensions ce passage présente quelques difficultés et il faut employer des tubes en porcelaine ou en autre matière isolante présentant d'assez fortes dimensions.

Transformateurs à rapport de transformation variable. — Dans un grand nombre d'applications on a besoin d'avoir aux bornes du réseau secondaire un voltage variable suivant les circonstances. Il suffit pour cela de faire varier le nombre de spires de l'enroulement ; à cet effet une de ses extrémités est reliée à une borne qui sera commune à tous les voltages, on réunit un certain nombre de points situés vers l'autre extrémité à autant de bornes spéciales, chacune correspondant à un voltage déterminé.

Quand ce montage est fait sur le côté basse tension, le transformateur peut être utilisé comme un véritable rhéostat, qu'on peut même manœuvrer à la main si cette tension est suffisamment basse.

On peut ainsi faire des réglages de tension sans consommer ni beaucoup de puissance réelle ni beaucoup de puissance magnétisante, à ce point de vue le transformateur est donc plus avantageux que les bobines de self ordinaires.

Sur un réseau d'utilisation immédiate, la tension à obtenir aux bornes des réceptrices est dans tous les cas peu différente de celle du réseau. Le transformateur employé pour régler la tension devra donc avoir un rapport de transformation peu différent de 1, il sera alors tout indiqué d'employer pour cet usage les auto-transformateurs.

CHAPITRE IX

Conditions pratiques à remplir par les transformateurs

Nous avons reproduit dans le tableau placé à la fin de ce chapitre les principales règles admises pour les valeurs de l'échauffement, la surcharge et la rigidité diélectrique à accepter pour les transformateurs.

Échauffement. — La limite admise pour l'échauffement doit être telle que les isolants ne soient pas détériorés. La mesure des températures se fait, soit au moyen du thermomètre posé au contact, soit par la mesure de la résistance à chaud. Ces deux procédés ne donnent que des indications très approchées. Le premier ne donne que la température superficielle qui peut être très différente de celles des couches profondes des enroulements. Un enroulement primaire en bandes de champ où la température se répartit uniformément pourra avoir une température superficielle beaucoup plus grande et néanmoins être dans de meilleures conditions qu'un enroulement à grand nombre de spires fil fin. La mesure, par la résistance, ne donne qu'une moyenne sans qu'on puisse mesurer l'écart avec les températures extrêmes. Les épissures ou les jonctions des conducteurs constituant les enroulements donnent souvent lieu à des contacts imparfaits créant des points défectueux où il y a un fort échauffement qu'on ne peut souvent vérifier.

Cette épreuve ne peut être considérée comme une garantie que si le fournisseur offre en même temps des références montrant que ses transformateurs, satisfaisant aux conditions énoncées, ont donné de bons résultats dans la pratique courante.

L'essai peut se faire à l'usine de fabrication, mais pour les grosses puissances on sera obligé de le faire souvent sur l'installation d'utilisation elle-même.

Surcharges. — Il est indispensable de faire subir aux transformateurs une épreuve de surcharge, nous avons vu en effet que dans la période variable, provenant de la mise en charge ou de la variation de la charge, il se produisait de fortes surintensités. En plus sur les réseaux, la mise en service des récepteurs se fait sans qu'on prévienne aux stations de transformation, il peut se produire aussi des courts-circuits. Les transformateurs sont donc appelés à être couramment surchargés pendant un temps plus ou moins long.

Epreuves d'isolement et de rigidité diélectrique. — Cette épreuve est nécessaire à cause des surtensions qui peuvent toujours se produire dans un réseau alternatif.

Auto-régulation. — L'auto-régulation, c'est-à-dire la propriété de la machine de maintenir sa tension constante malgré les variations de la charge, se traduit dans le cas des transformateurs par la chute en pour cent de la tension secondaire lorsqu'on passe de la marche à vide à la marche à la puissance normale, la tension primaire étant celle en charge normale. Il faut la prévoir :

1º Avec un facteur de puissance égal à l'unité ;

2º Avec le facteur de puissance minimum prévu ou, à son défaut, avec le facteur 0,8.

La fixation de cette chute de tension dépend du service du transformateur. La chute de tension est comme nous le savons d'autant plus petite que l'hypothénuse Z''_2 du triangle fondamental du diagramme de Kapp est elle-même plus petite. Le courant de court-circuit a pour valeur $\dfrac{E_2}{Z''_2}$ et sera par conséquent d'autant plus grand que l'auto-régulation sera meilleure. Au courant de court-circuit I_{cc} correspond un courant primaire kI_{cc}, si le réseau primaire est capable de fournir la puissance kU_1I_{cc}, le transformateur fonctionnera avec des intensités très élevées par rapport aux intensités normales et pourra être détérioré si le court-circuit se prolonge.

Si on n'a à craindre que de rares courts-circuits, comme cela a lieu dans les distributions habituelles de force et de lumière, on n'admettra que de faibles chutes de tension et par suite des fuites aussi petites que possible. L'impédance du transformateur réduite au secondaire sera petite.

Si, au contraire, les courts-circuits sont fréquents comme dans les fours électriques où ils se produisent presque constamment, on devrait pour que le transformateur ne chauffe pas trop, lui donner un poids de cuivre considérable, et les alternateurs devraient être prévus en conséquence. Il vaut mieux admettre une chute de tension rapide et par suite avoir une grande impédance réduite au secondaire. Il suffit pour cela d'avoir des fuites suffisantes dans le circuit magnétique. En fait on devrait dans ce cas imposer une auto-régulation d'intensité au lieu d'une auto-régulation de tension. Il y a lieu dans ce cas de tenir compte de l'alternateur alimentant le primaire, suivant sa puissance il pourra fournir toute l'intensité demandée par le transformateur en maintenant sa tension constante, il faudra alors admettre une grande chute de tension. Mais s'il a été construit de manière que sa pleine charge corresponde à la puissance normale du transformateur, il y aura au moment du court-circuit chute de tension au primaire et l'intensité diminuera. L'ensemble alternateur-transformateur peut alors être auto-régulateur sans qu'on ait besoin d'une grande dispersion.

Rapport de transformation. — Il est toujours défini à vide, le pourcentage d'auto-régulation indique celui en charge. Ordinairement les constructeurs indiquent le voltage et l'ampérage pour chaque circuit en marche normale.

Puissance. — On indique habituellement comme puissance la puissance apparente en kilo-volts-ampères K. V. A. aux bornes du secondaire, c'est celle qui correspond à la marche secondaire à décalage nul.

Rendement. — Le rendement doit toujours se mesurer à chaud, on doit le définir avec un facteur de puissance égal à 1 et avec le facteur de puissance minimum prévu ou à défaut avec le facteur 0,8. On doit le mesurer non seulement pour la puissance normale mais aussi pour les trois quarts, la demie et le quart de cette puissance. On doit toujours mesurer le facteur de puissance et la consommation à vide.

Projet. — On ne peut dans un ouvrage faire un projet de transformateur, car il entre dans la construction de ce dernier une série de considérations pratiques diverses qu'on ne peut chiffrer. En s'en tenant aux simples considérations théoriques on est conduit à un grand nombre d'équations à beaucoup d'inconnues qu'on complète par des conditions de poids de matière minima comme nous l'avons déjà fait dans divers cas. La résolution des systèmes conduit à des équations de degré supérieur au second et de solutions pénibles à calculer. Les calculs industriels sont au contraire relativement plus faciles. Jusqu'aux puissances de 500 K. V. A. les transformateurs sont de fabrication courante en série avec des tensions allant jusqu'à 20.000 v. Pour les appareils de puissance supérieure, la fabrication, quoique ne faisant plus l'objet d'une tarification commerciale est encore courante. Dans tous les cas le fabricant dispose d'un grand nombre de résultats expérimentaux provenant, soit d'essais spéciaux en vue d'une fabrication, soit des essais des appareils déjà livrés. Il peut donc employer des formules simples avec des coefficients de correction convenables, établir des barêmes pour les divers cas, etc... Nous donnerons ci-dessous quelques renseignements pouvant servir pour l'utilisation des transformateurs.

Proportions des pertes. — Nous avons dit que pour avoir le maximum de rendement il fallait que les pertes dans le fer soient égales à celles dans le cuivre. Pour les transformateurs d'abonnés dont le primaire est toujours en service les pertes dans le fer ont constamment lieu et causent une dépense absolument inutile supportée entièrement par le fournisseur de courant. Les secteurs demandent donc que les pertes dans le fer soient aussi faibles que possible, l'emploi des tôles au silicium permet de le faire sans trop augmenter le volume du fer. La perte dans le cuivre n'a lieu qu'en charge et est par suite partie intégrante de la puissance consommée. On peut donc pour abaisser le prix du transformateur diminuer le poids du cuivre en admettant des pertes joules un peu plus élevées. On admet souvent une perte dans le cuivre à pleine charge double de celle dans le fer :

$$W_j = 2W_F$$

Le rendement est alors le même à pleine et à demi-charge, pour celle-ci la perte dans le cuivre est $\dfrac{W_j}{4} = 0,5\,W_F$; les pertes totales sont dans les deux cas $3\,W_F$ et $1,5\,W_F$ proportionnelles aux puissances. La chaleur engendrée dans le fer est toujours facile à dissiper, il n'en est pas de même de celle dans le cuivre, c'est pourquoi on prend souvent à pleine charge :

$$W_j = 1,5W_F \text{ (transformateurs à sec).}$$

$$W_j = 2,5W_F \text{ (transformateurs immergés).}$$

Rendements. — Le rendement à pleine charge avec $\cos \varphi = 1$ croît avec la puissance du transformateur, égal à 90 % pour les faibles puissances (< 1 K.V.A.) il atteint rapidement 95 % pour 5 K.V.A. et monte jusqu'à 97-98 % pour les puissances supérieures à 50 K.V.A.

Densités de courant. — En construction usuelle la densité de courant admise est de 1 A par millimètre carré de section. Si les dispositions de refroidissement des deux enroulements sont bien prises, on peut prendre 1,5 A pour les transformateurs à sec et 2,5 A pour ceux immergés dans l'huile.

Avec les limites d'échauffement données précédemment, la surface de refroidissement par watt à dissiper doit être d'au moins une vingtaine de centimètres carrés dans l'air et d'une quinzaine dans l'huile.

Pour les transformateurs à ventilation forcée le volume d'air à fournir en mètres cubes par seconde est :

$$\frac{W_p}{1,1T}$$

W_p étant les pertes totales en kilowatts, et T la surélévation de température admise en degrés. On peut compter pouvoir dissiper ainsi une trentaine de watts par décimètre carré de surface de refroidissement. La dépense de puissance nécessaire pour la ventilation est de 0,4 à 0,5 % de celle du transformateur.

Pour les transformateurs à circulation d'eau, W_p étant toujours la perte totale en kilowatts, T_1 la différence des températures de l'eau à sa sortie et à son entrée du serpentin, T la différence entre sa température moyenne et celle de l'huile, Σ la surface extérieure du serpentin en décimètre carré, Q le débit d'eau en litres par seconde on a :

$$W_p = 4,17 \, QT_1 = 0,00103.\Sigma T.$$

Prédétermination de la chute de tension. — Cette prédétermination se fait en calculant la self-induction $\mathcal{L}''_2$ des fuites réduites au secondaire, ou la réactance de dispersion $\mathcal{L}''_2\omega$.

Si (fig. 91) nous considérons pour fixer les idées un transformateur à bobines concentriques, le flux produit par la bobine intérieure passe tout entier dans la bobine extérieure. Pour cette dernière tout le flux correspondant aux lignes de force moyenne 1 à travers les bobines, et 2 dans l'intervalle entre les deux bobines ne passe pas dans la bobine intérieure et constitue par suite flux de fuite. Le flux à travers les bobines de l'enroulement extérieur (lignes de force 1) n'est pas uniforme, car les ampères-tours de chaque couche de fils n'ont d'influence qu'à leur intérieur, l'induction va donc en croissant du bord extérieur où elle est nulle au bord intérieur où elle atteint la valeur déterminée par le nombre d'ampères-tours totaux, agissant dans l'air (car l'intervalle entre bobines ne contient pas de matières magnétiques), on peut admettre que cette variation a lieu linéairement et la représenter (fig. 92 croquis a) par la droite ab, dans l'intervalle entre les bobines l'induction reste constante et sera représentée par bc.

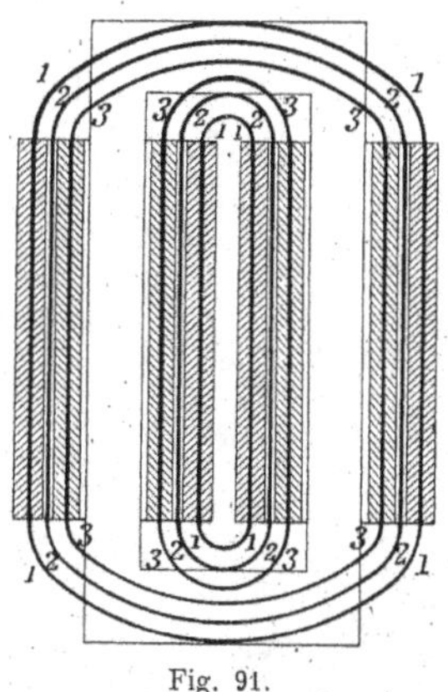

Fig. 91.

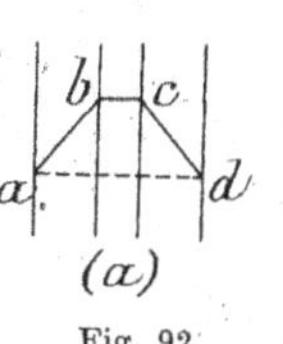

(α)

Fig. 92.

Si nous considérons maintenant le flux de force à l'intérieur du bobinage interne suivant les lignes moyennes 3, il y en a une partie qui se trouve en dehors de chaque couche de spires, et n'agit pas sur les spires centrales. Il y a donc perte de flux de la couche externe à la couche interne, l'induction correspondante à ce flux pourra être représentée par la droite cd, ad étant la ligne des inductions nulles. Ayant la représentation de l'induction, on peut calculer $\mathcal{L}''$, on trouve ainsi :

$$\mathcal{L}'' = \frac{4\pi n^2}{h}\left(\frac{l_1\varepsilon_1 + l_2\varepsilon_2}{3} + l_x\alpha\right)10^{-9}$$

$\mathcal{L}''_2$ et n étant les coefficients et nombre de spires du circuit extérieur, l_1, l_2, l_α les longueurs moyennes des spires de chaque enroulement, et de l'intervalle d'air, ε_1, ε_2, α leurs épaisseurs, h la hauteur totale de la bobine (somme des hauteurs des bobines des deux noyaux).

Pour les bobinages alternés, si on a m_1 bobines primaires, m_2 bobines secondaires et que a_1, a_2 soient les rayons des spires moyennes, h_1, h_2 les hauteurs des bobines élémentaires, Σ_1, Σ_2 les surfaces embrassées par celles-ci, les coefficients de self de fuite de chaque enroulement seront :

$$\mathcal{L}'_1 = 4\pi \frac{n_1{}^2}{m_1} \frac{\Sigma_1}{a_1 + \sqrt{a_1{}^2 + h_1{}^2}} 10^{-9}$$

$$\mathcal{L}'_2 = 4\pi \frac{n_2{}^2}{m_2} \frac{\Sigma_2}{a_2 + \sqrt{a_2{}^2 + h_2{}^2}} 10^{-9}$$

Ces formules sont très approximatives car l'exécution manuelle de la bobine en la faisant plus ou moins serrée fait varier la valeur de la fuite et en pratique au lieu du coefficient 4, il faut prendre un coefficient compris entre 4 et 5.

INSTALLATION DES TRANSFORMATEURS

Considérations générales. — Sauf dans des emplois particuliers (transformateurs pour réglage, pour démarrage, etc...), la tension d'un des enroulements est toujours très élevée et on doit observer pour l'installation des transformateurs toutes les prescriptions relatives aux installations de deuxième catégorie. En particulier les transformateurs sont toujours renfermés dans des locaux où ne peut avoir accès qu'un personnel spécial. Pour les réseaux aériens on place quelquefois les transformateurs sur les poteaux (fig. 93). L'appareillage sur chaque tension sera approprié à cette tension et aux manœuvres à faire. Dans les stations de transformation, on établit

Fig. 93.

généralement un tableau de distribution pour chacune des tensions.

Transformateur d'abonné. — Les transformateurs d'abonné, qui desservent directement la distribution chez chaque consommateur, sont enfermés dans un local où peuvent seuls pénétrer les employés du secteur. L'appareillage en est simple, un coupe-circuit bipolaire et un interrupteur bipolaire pour chaque enroulement. Il y a en outre lieu de prendre les précautions nécessaires pour que dans aucun cas la basse tension ne puisse être au voltage de la haute tension, soit par contact des enroulements, soit pour tout autre cause. On munit donc les transformateurs d'appareils de sécurité qui séparent le transformateur du réseau lorsque la tension devient trop grande sur le réseau de distribution.

Les dispositifs employés sont très nombreux, nous citerons seulement ceux du genre Cardew. Un plateau métallique C est relié à une des bornes basse tension (fig. 94), en face de lui se trouve un plateau

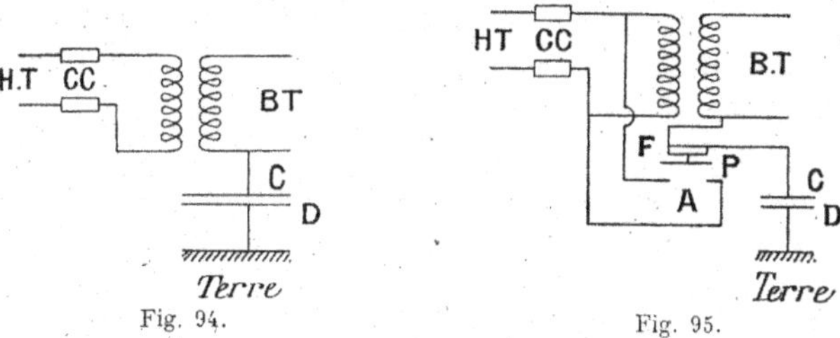

<table>
<tr><td>Fig. 94.</td><td>Fig. 95.</td></tr>
</table>

en aluminium D très léger, relié à la terre. Si la tension s'élève, le plateau en aluminium est attiré par l'autre et vient à son contact créant une mise franche à la terre. Cela peut suffire, car l'isolement basse tension étant insuffisant pour ce voltage, l'autre câble aura des pertes importantes à la terre et il se créera des court-circuits secondaires, qui amèneront la fusion des plombs primaires ; on a alors en même temps une détérioration des câbles secondaires et même du transformateur. On produit sans aucune détérioration le résultat voulu en court-circuitant le circuit primaire. Il suffit pour cela (fig. 95) de disposer entre les bornes un circuit interrompu en A, une plaque métallique P est soutenue par un fusible F placé sur le parcours de la borne primaire ou plateau C. Dès que la mise à la terre a lieu, il passe un courant suffisant pour fondre F et P vient court-circuiter en A le primaire dont les plombs sautent.

On devra prendre surtout ces précautions dans le cas des auto-transformateurs à haute tension, car les deux enroulements étant reliés, un simple court-circuit entre spires peut amener la haute tension dans le circuit basse tension.

Couplage des transformateurs en parallèle. — Dans les distributions comportant un réseau primaire et un réseau secondaire, l'alimentation du deuxième par le premier se fait au moyen de transformateurs couplés par suite en parallèle, et répartis dans un certain nombre de postes. Pour qu'une installation ainsi conçue fonctionne bien, il faut que les transformateurs soient aussi identiques que possible et en particulier aient des chutes de tension égales, sinon les charges se répartiraient inégalement et les transformateurs surchargés pourraient être détériorés.

Pour faire la connection, il faut avoir soin de bien mettre les bornes correspondantes de chaque enroulement sur les fils qui se correspondent dans la distribution, sinon le transformateur s'inverserait et le secondaire alimenterait le primaire. Pour les transformateurs situés dans un même poste il est facile de le faire car les barres de distribution haute et basse tension correspondantes sont repérées et les bornes correspondantes des enroulements aussi. Il n'en est plus de même lorsqu'on a à réunir un transformateur isolé aux réseaux, malgré les repérages des lignes, si elles sont aériennes on risque de faire erreur avec les lignes souterraines ; il est impossible de distinguer celles-ci. On peut opérer de la façon suivante : on connecte la haute tension en ayant soin de mettre la basse tension à la terre pour éviter tout accident pouvant provenir de la surtension qui s'y produit au moment de la

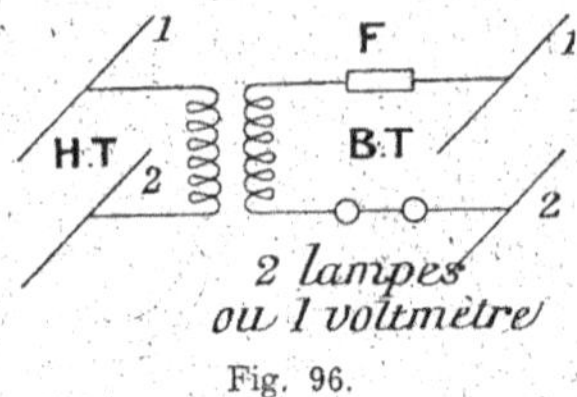

Fig. 96.

mise sous tension. Puis on met (fig. 96) une des bornes de la basse tension en communication par son fusible avec un des fils du réseau de distribution, et l'autre borne avec l'autre fil en intercalant en série deux lampes du voltage à utiliser et on supprime la mise à la terre. L'opération se fait à un moment où le réseau est peu chargé et la tension dans le réseau secondaire à sa valeur nominale, si le transformateur est bien monté la différence de potentiel aux bornes des deux lampes sera très faible, elles ne brilleront pas. Si, au contraire, le transformateur est mal connecté, son secondaire sera en opposition avec le réseau. Les deux lampes seront donc soumises à un voltage double de celui de distribution et par suite chacune à ce voltage, elles brilleront donc. Dans ce cas on permutera les connections basse tension. Dans tous les cas la résistance des lampes est suffisante pour qu'il ne passe qu'un faible courant dans le transformateur qui ne risque pas d'être détérioré. On peut mettre un voltmètre à la place des lampes, mais il devra pouvoir, d'après ce qui vient d'être dit, permettre la mesure d'une tension double de la tension normale du réseau basse tension et avoir une résistance assez grande. Pour les transformateurs triphasés, il faut avoir soin de ne pas mélanger les phases, on y arrive par un procédé analogue, on connectera d'abord une des bornes à un des câbles, puis on essaiera chacune des autres sur les autres câbles, séparément ou simultanément, en interposant une lampe fonctionnant sous la tension composée ou un voltmètre. La tension sera nulle, ou à peu près, si les bornes sont bien connectées, égale à la tension composée dans le cas contraire.

RÈGLES ADMISES

POUR LES ESSAIS DES TRANSFORMATEURS

(Échauffement — Surcharge — Isolement)

FRANCE

Union des syndicats de l'Électricité (1910).

Syndicat professionnel des industries électriques.

Syndicat professionnel des usines électriques.

Association des propriétaires d'appareils à vapeur (Amiens, Lyon, Marseille, Nancy).

Association des industriels du Nord de la France (Lille).

Association normande pour prévoir les accidents du travail (Rouen).

ÉTATS-UNIS

American Institute of Electrical Engineer.

ALLEMAGNE

Verband Deutscher Electrotechniker.

Règles admises pour les essais relatifs à l'échauffement, la surcharge et les épreuves d'isolement des transformateurs

FRANCE	FRANCE	ÉTATS-UNIS	ALLEMAGNE
Union des syndicats de l'électricité (1910). Syndicat professionnel les industries électriques. Syndicat professionnel des usines d'électricité.	Association des propriétaires d'appareils à vapeur (Amiens-Lyon-Marseille-Nancy). Association des industriels du Nord de la France (Lille). Association normande pour prévoir les accidents du travail (Rouen).	American Institute of Electrical Engineers (1902).	Verband Deutscher Elektrotechniker.

ÉCHAUFFEMENT

Durée de l'essai.			
Transformateur à service discontinu. — Durée de l'essai à pleine puissance, à spécifier suivant le mode de fonctionnement. *Transformateur à service permanent.* — L'essai sera poursuivi jusqu'à l'obtention de l'échauffement limite à puissance normale.	*Transformateur à service discontinu.* — Durée de l'essai à la charge nominale égale à la période de fonctionnement. *Transformateur toujours sous tension et à charge discontinue.* — Durée de l'essai à la charge nominale égale à la période de fonctionnement après limite d'échauffement atteinte sous tension à vide. *Transformateur à charge continue.* — Durée de l'essai jusqu'à l'obtention de l'échauffement limite à la charge nominale.	Durée suffisante pour que la température ait une valeur pratiquement constante. *Transformateurs pour éclairage commercial.* — Essai à pleine charge pouvant durer trois heures.	Durée suffisante pour atteindre une température stationnaire.
Base admise pour la température ambiante.			
35° C.	35° C.	25° C. à la pression de 760 mm de mercure. L'échauffement observé doit être réduit de $\frac{760-p}{10}$ centièmes si p est la pression barométrique différente de 760 mm.	35° C.
Correction à appliquer quand la température ambiante diffère de la base ci-dessus.			
a) Si l'essai est effectué à une température inférieure à 35° C. les limites d'échauffement seront réduites dans le rapport $\frac{1}{1+0,005\,(35-\theta)}$, θ étant la température ambiante durant l'essai; b) Si la machine est appelée à fonctionner dans un local où la température ambiante doit être supérieure à 35° C., les limites d'échauffement, défalcation faite de $\theta'-35$, seront réduites dans le rapport $\frac{1}{1+0,005\,(\theta'-35)}$, θ' étant en service, la température présumée du local.	Diminuer les limites d'échauffement de la différence entre la température ambiante et la base de 35°.	0,5 pour 100 par degré C. d'écart. L'échauffement observé doit être réduit de $\frac{\theta-25}{2}$ centièmes si θ est la température du local d'essai.	
Correction en cas de variation de la température ambiante pendant l'essai.			
Prendre pour valeur de la température ambiante la moyenne du dernier quart du temps d'essai.	Prendre la moyenne du dernier quart du temps d'essai.		
Dispositions concernant le relevé de la température ambiante.			
Le thermomètre indiquant la température ambiante sera placé sur le trajet de l'aspiration, à 1 m environ du transformateur et à l'abri de toute influence étrangère.	Thermomètre dans l'axe transformateur et à 1 m en avant, en tenant compte des circonstances locales.	Thermomètre à l'abri des radiations émises par les surfaces chaudes et des courants d'air.	Température moyenne prise à 1 m du transformateur pendant le dernier quart de la durée d'essai.

Règles admises pour les essais relatifs à l'échauffement, la surcharge et les épreuves d'isolement des transformateurs (*Suite*)

FRANCE	FRANCE	ÉTATS-UNIS	ALLEMAGNE
Union des syndicats de l'électricité (1910). Syndicat professionnel des industries électriques. Syndicat professionnel des usines d'électricité.	Association des propriétaires d'appareils à vapeur (Amiens-Lyon-Marseille-Nancy). Association des industriels du Nord de la France (Lille). Association normande pour prévoir les accidents du travail (Rouen).	American Institute of Electrical Engineers (1902).	Verband Deutscher Electrotechniker.

ÉCHAUFFEMENT (*Suite*)

Mode de mesure de l'échauffement.

FRANCE	FRANCE	ÉTATS-UNIS	ALLEMAGNE
Températures mesurées au thermomètre sur la partie accessible la plus chaude. Pour les *transformateurs non immergés*, la température des enroulements pourra être déterminée par l'augmentation des résistances. *Transformateurs immergés.* — Mesurée au thermomètre plongé dans l'huile, à la hauteur des enroulements et à leur partie supérieure.	Autant que possible par thermomètre et résistance en prenant la plus élevée des deux valeurs trouvées. Thermomètre, s'il y a lieu, toujours appliqué au point le plus chaud.	Par augmentation de résistance quand cela est possible ; Ou en adoptant la plus élevée si on emploie le thermomètre et la comparaison des résistances.	Par thermomètre, relevé de la température au point le plus chaud, ainsi que de la température à la partie supérieure de la couche d'huile.

Coefficient de température du cuivre.

FRANCE	FRANCE	ÉTATS-UNIS	ALLEMAGNE
0,004 à moins qu'il n'en ait été spécifié autrement.	0,004	0,0042	0,004

Limites admises pour les élévations de température.

FRANCE	FRANCE	ÉTATS-UNIS	ALLEMAGNE
La température maxima doit être compatible avec la conservation des isolants. Enroulements haute et basse tension immergés ou non avec isolement au coton . . . . 60° C. Avec isolement au papier . . . 70 — Avec isolement au mica, à l'amiante ou préparations équivalentes . . . 90 — Fers et pièces conductrices nues . . . 90 —	Enroulements et huile pour ceux à huile . . . . 50°.	*Transformateurs pour service continu :* Circuits électriques par résistance . . 50° Autres parties, au thermomètre, dans les conditions normales de ventilation 40° *Transformateurs à service intermittent,* restant toujours en circuit mais fonctionnant par intervalles à pleine charge : Pour les circuits par résistance . . . 50° Autres parties au thermomètre . . . 40° (Mesures faites après la période de fonctionnement correspondant à la durée de pleine charge).	Enroulements au thermomètre. Isolés au coton . . . . . 50°C. Au papier . . . 60°,1 Au mica à l'amiante . . . 80°,4 Mesure par résistance augmenter de 10°.

Tolérances.

FRANCE	FRANCE	ÉTATS-UNIS	ALLEMAGNE
3° C. Limite de refus : 10° C. au-dessus des limites d'échauffement.	4° C. au-dessus des limites fixées. Limite de refus : 10° C. au-dessus des limites fixées.		

Surcharges.

FRANCE	FRANCE	ÉTATS-UNIS	ALLEMAGNE
20 % pendant 1 heure. 30 % — 30 minutes. 50 % — 5 minutes.	10 % pendant une heure.	25 % pendant deux heures avec surcroît d'élévation de température de 15° par rapport à la limite en charge normale.	40 % durant 3 minutes.

Epreuve de surtension des circuits.

FRANCE	FRANCE	ÉTATS-UNIS	ALLEMAGNE
Les circuits devront pouvoir être soumis sans inconvénient, pendant trois minutes, si aucune condition mécanique ou électrique ne s'y oppose à une tension supérieure de 30 % à celle agissant en régime normal.		Les transformateurs doivent supporter au point de vue de la solidité de l'isolation, durant cinq minutes, une augmentation de tension de service de 30 %, en partant d'une température telle que l'échauffement admissible ne risque pas d'être dépassé.	

RIGIDITÉ DIÉLECTRIQUE

Epoque de l'essai.

FRANCE	FRANCE	ÉTATS-UNIS	ALLEMAGNE
Non imposée.	Au moment de la réception à chaud.	A la température atteinte dans les conditions normales avant de mettre la machine en service.	A chaud.

Règles admises pour les essais relatifs à l'échauffement, la surcharge et les épreuves d'isolement des transformateurs (*Suite*)

FRANCE	FRANCE	ÉTATS-UNIS	ALLEMAGNE
Union des Syndicats de l'électricité (1910). Syndicat professionnel des industries électriques. Syndicat professionnel des usines d'électricité.	Association des propriétaires d'appareils à vapeur (Amiens-Lyon-Marseille-Nancy). Assoc. des industriels du Nord de la France (Lille). Association normande pour prévoir les accidents.	American Institute of Electrical Engineers (1902).	Verband Deutscher Electrotechniker.

RIGIDITÉ DIÉLECTRIQUE (*Suite*)

Tension de l'essai.

Tension normale	Tension d'épreuve		Jusqu'à 500 v.	3 f. la tension normale, minim. 500 v.	Isolation intérieure des enroulem^ts.	Pour tension normale U_n aux bornes en volts.	Puissance normale en K.V.A.	Tension d'épreuve efficace en volts.	jusqu'à 5.000 v.	double de la tension norm. avec minim. de 100 v.
	à chaud	*à froid*								
jusqu'à 5.000 v.	Le double de la tension normale, minimum 110 v.	Triple de la tension normale, minimum 500 v.	500 à 1.000	tens. norm. + 1.000 v.	1,5 la tension normale.	< 400	<10	1000	de 5.000 à 10.000 v.	tension normale + 500 v.
de 5.000 à 10.000	La tension normale augmentée de 5.000 v.	Tension normale augmentée de 10.000 v.	1.000 à 4.000	2 f. la tension. norm.		< 400	>10	1500		
au-delà de 10.000 v.	Une fois et demie la tension normale.	Double de la tension normale.	5.000	8.800	6.900	$400 < U_n < 800$	<10	1500	10.000 v. et au-delà	1,5 la tension normale.
			6.000	10.200	8.100	$400 < U_n < 800$	<10	2000		
			7.000	11.700	9.400	$800 < U_n < 1200$	toutes puissanc.	3500		
			8.000	13.300	10.700					
			9.000	14.800	11.900	$1200 < U_n < 2500$	—	5000		
			10.000	16.300	15.500	$2500 < U_n < 5000$	—	10000		
			12.000	19.300	19.500	$5000 < U_n < 10000$	—	$2\,U_n$		
			15.000	24.000	25.500	$10000 < U_n < 20000$	—	$U_n + 10000$		
			20.000	31.000	30.000	$20000 < U_n$	—	$1,5\,U_n$		
			25.000	38.000	37.500					
			30.000	45.000						

Points d'application.

a) Entre les deux circuits, d'après la tension efficace la plus élevée des circuits essayés ensemble ; b) Entre les circuits et la masse d'après la tension efficace la plus élevée à supporter.	Entre les enroulements et la masse et entre eux en prenant pour base la tension la plus élevée des enroulements essayés ensemble.	Entre les circuits électriques et les matières conductrices voisines. Entre les circuits adjacents.	Entre les circuits et la masse. Entre les circuits.

Durée d'application.

A chaud 30 minutes A froid 5 —	Progressivement, jusqu'à la valeur maxima et maintenue à cette valeur pendant 5 minutes.	Une minute.	Une minute.

TABLE DES MATIÈRES

3 Mars 9

Papier, Gravure et Impression L. GEISLER

AUX CHATELLES

PAR RAON-L'ÉTAPE (VOSGES)

ET 1, RUE DE MÉDICIS, PARIS (VIᵉ)

9 782329 808475